はじめてのFX1年生

儲かる仕組み損する理由がわかる本

木暮太一 著

一番やさしいFXの本!

はじめに

本書は、ＦＸをこれから始めようとする方に向けて、「どうすれば利益を上げることができるのか？」「どうなると損をするから、何に気をつけなければいけないか」を解説した本です。

派手な儲け体験談や「確実に儲かる方程式」などは書かれていませんが、その一方で初心者の方が何に注意しなければいけないか、どうすれば自分で投資の判断ができるようになるか、を丁寧に説明してあります。

この本は、儲かったつもりにさせてくれる本ではなく、本当に実力をつけていただくための本です。もちろん、１００％を網羅しているわけではありませんが、この本を読んだ後には、自分は次に何を学ばなければいけないのか、どういう情報を集めたらいいか、をイメージできるようになっています。

◯この本の使い方

この本には大きな特徴が2つあります。

①具体的なケースではなく、基本的ルールの説明を重視している
②「円でドルを買う取引」しか解説していない

の2点です。
どういうことか、それぞれ説明します。

①具体的なケースではなく、基本ルールの説明を重視

FXや株投資関連の書籍は、その多くがチャート（値動きのグラフ）の説明に終始し、いわゆるテクニカル分析の説明を重視しています。要するに、「こういう値動きをした後は値が下がるから売る」、「チャートがこういう形になったら買いのサイン」というようなことです。

これはこれで重要なことです。チャートを分析することでわかることがいろいろあるからです。しかしこれだけでは不十分です。この本でも後の方で解説していますが、投資にあたっては、「ファンダメンタル分析」と「テクニカル分析」の2種

類の分析が必要です。両方必要なんです。

また、そもそも分析をする前に、「自分は何をしようとしているのか」という基本的な目的、目指すポイントを把握していなければいけません。それを知らないと、何を分析しても意味がありません。

野球に例えれば、どうしたらゲームに勝つのか、何を目標にしてプレイしているのかわからないまま、「カーブのうまい打ち方」「牽制球《けんせいきゅう》にさされない方法」を学んでも仕方ないのです。

何事もそうですが、まず大枠の目的があります。その目的をちゃんと理解し、それに沿う基本的な行動を理解しなければなりません。野球では、ピッチャーはバッターに打たれないようにする、バッターは打ったら1塁に走って、ホームにかえってくることを目指す、という基本的な「目的」を知らずにプレイはできません。

しかし、この基本的なルールというのは、説明がやや抽象的で、それを知ったからといってすぐに何かの役に立つようには思えない。それに対して、「このようなケースはこうしろ」というような細かくて具体的なノウハウは、すぐに活用できそうで、自分がレベルアップした気になれます。

そのため、そのような「枝葉」の情報の方が人気があります。FX関連本についても、「チャート（値動きのグラフ）がこういう形になると、値が上がる」「この指標がこうなったら売るサイン」など、かなり具体的なノウハウが載っている本が多く売れています。

ただ、そのような具体的な情報は、いってみれば「枝葉の情報」です。枝葉の情報は、いくら集めても「枝葉」にすぎません。そもそも森や木がどういう形をしていて、どういう性質かを見ずに、葉っぱ（個別のケース）の形だけ覚えても、うまく活用できません。葉っぱは無数にありますので、新しい葉っぱが出てきた瞬間に、今までの情報は全く使えなくなります。

また、そのような書籍の中には、結局自分がいつ取引を始めて、どうやれば儲かるのかについて最後まで説明していないものも多くあります。それは、これらの基本ルールは読者にとって退屈で、目新しさがないためです。基本ルールを説明しても、なかなか本が売れないんです。

その一方で「これさえ読めばガッポリ儲かる！」というような本は毎日のように新しく出版されます。こういう本は読んでいて楽しいですから、エンターテイメントとしては有意義だと思います。しかし、これではFX投資の知識が深まったとはいえず、投資成績を改善することもできないでしょう。

特に初心者の方は、まず基本ルールを知ることがとにかく重要ですので、この本ではその一番重要な部分をメインに書いています。

②「円でドルを買う取引」しか説明していない

ＦＸでは、世界中の多くの通貨が取引対象になります。のちほど「この本の前提」として、ご説明しますが、ＦＸでは米ドルだけでなく、様々な通貨を選んで取引します。さらに、必ずしも「円」を使う必要はなく、「ドルでポンドを買う」「オーストラリアドルとユーロを交換する」など、外貨同士の取引も可能です。

しかし、この本では、「日本円で米ドルを買う取引」を主に想定して解説しています。なぜかというと、率直なところ、最初から多くのパターンを教えられても頭に入らないからです。これも「まず基本ルールを知らなければいけない」ということと同じです。

選択肢が多い方が、儲かるチャンスも上がるような気がしますので、いろんな通貨のことを知りたいと感じる方もいらっしゃると思います。

しかし、基本となる米ドルの取引を知らずに他の通貨を勉強しても、あまり意味がありません。「ストレート」の打ち方を知らないのに、「カーブ」や「フォーク」の対処方法を聞いても身に付くわけがありません。

また、ＦＸでは、「まだ持っていない外貨を売る」という取引が可能です。これは「売りから入る」といういい方をします。株では「空売り」と呼ばれているものです。株で空売りをする人は多くないですが、ＦＸでは普通に取引方法の１つとして紹介されています。

しかしこれも、基本は「売り」ではなく「買い」から取引を始めます。実は、「売り」でも「買い」でも判断するポイントとしては同じです。でも、ちゃんと「買い」の取引ができるようになる前に、「売りの場合はここに注意」など応用編を知ってても使いこなせませんね。

そのため、この本では、「売り」から入る取引についてはほとんど触れていません。結果として、日本円で米ドルを買う取引を主に解説してします。

ただし、基本を知れば、あとは少し応用すればいいだけです。なので、基本の取引について、どこに注意して、どういう判断で取引をすればいいかがわかれば、あとは比較的簡単にマスターできます。

最初はできるだけ多くの情報が並んでいた方が安心するかもしれませんが、かえって混乱してしまうので、このような構成にしています。

私は、これまで経済をテーマにした入門書を書いてきました。(『今までで一番やさしい経済の教科書』(ダイヤモンド社)、落ちこぼれでもわかる経済学シリーズ『マクロ経済学』、『ミクロ経済学』、『マルクス経済学』(いずれもマトマ商事)どれも経済・経済学の「初心者」を対象にした超入門書です。

このジャンルの本は他にも数多く出ていますが、おかげさまでどれも増刷ができ、累計で15万部を突破しました。

これらの本を書くにあたって、私が非常に重視しているポイントがあります。

それは

「詳細部分を説明しすぎない」

という点です。もちろん読んですぐにわかる文章を書くことは当然ですが、それと同じくらい、この「詳細部分を過度に説明しない」ということが重要だと感じています。

この本のタイトルにもありますように、初めて学ぶテーマについては、誰もが「1年生」です。みなさんが小学校に入学した時のことを思い出してください。算数の時間に出てくる数字はすべて「正の整数」でした。「1」の次は「2」と教えられたはずです。正の整数で四則演算（+、−、×、÷）ができるようになって、そのあと初めて、分数、少数、負の値などが出てくるのです。

この時に、

「『1』の次は『2』です。でもホントは数字には少数があって、『1』の次は『1・000001』なんだけどね」

といわれたらどうでしょう？　非常に混乱して少数はおろか、整数も理解できなくなるかもしれません。

それと同じです。先ほどご説明したように、この本では基本となるルールを重視し、「枝葉」の部分はできるだけそぎ落としています。そうしないと、混乱して基本ルールが理解できなくなるからです。

そのため、この本にはプロが使っているような情報や分析手法は書いてありません。その代り、ＦＸの取引を行う上で必要な基礎力が身につきます。経済状況とチャート（値動きのグラフ）を見て、「もしかしたら、今後こうなるのでは？」と予測を立てることができるようになります。どこに注意して、どのように取引すればいいかがわかるようになります。

中上級者向けのテクニックを学ぶのはそれからでも遅くはありませんし、むしろこの順番の方が早くマスターできます。この本を読み終わった段階では、ＦＸ取引の全体像が見え、自分に何が足りないか、次に何を勉強していけば、より理解が深まるかが見えてくると思います。

本書では、ＦＸ取引に重要なポイントをできるだけ簡単に解説してありますので、焦らず、一歩一歩前進していきましょう。この本を通じて、みなさんのＦＸに対する理解・興味が深まればうれしく思います。

２００９年４月吉日

木暮太一

投資は自己責任。ご自信の判断で行いましょう。

目次

装丁　アスカデザイン室
イラスト　坂木浩子（TYPEFACE）

1時間目
FXとは？

はじめてのFX1年生

1時間目

FXとは?

○FXって何?

FXとは、簡単にいうと、世界中のお金を交換して儲ける仕組みのことです。「円とドル」「円とユーロ」「ドルとポンド」など、外国の通貨を交換することで利益を上げることができます。

細かいことは、のちのち説明しますが、FXの口座を開設すれば、10万円程度からでも始められて、24時間取引が可能な投資の仕組みです。

投資というと、株の方がメジャーですが、やっていることは、ほとんど同じです。「安く買って高く売れば儲かる」「保有期間中に配当(FXの場合はスワップポイント)を受け取れる」という基本的に2つの儲けポイントがあります。

最近、株価が低迷して、株を買っても儲からなそうな時期がたびたびありました。そんな時に、それまで株取引を行っていた人々がFX投資に注目するようになりました。

ものすごく簡単にいうと、ＦＸは外国のお金を買って、その通貨が高くなれば儲かり、安くなれば損をします。

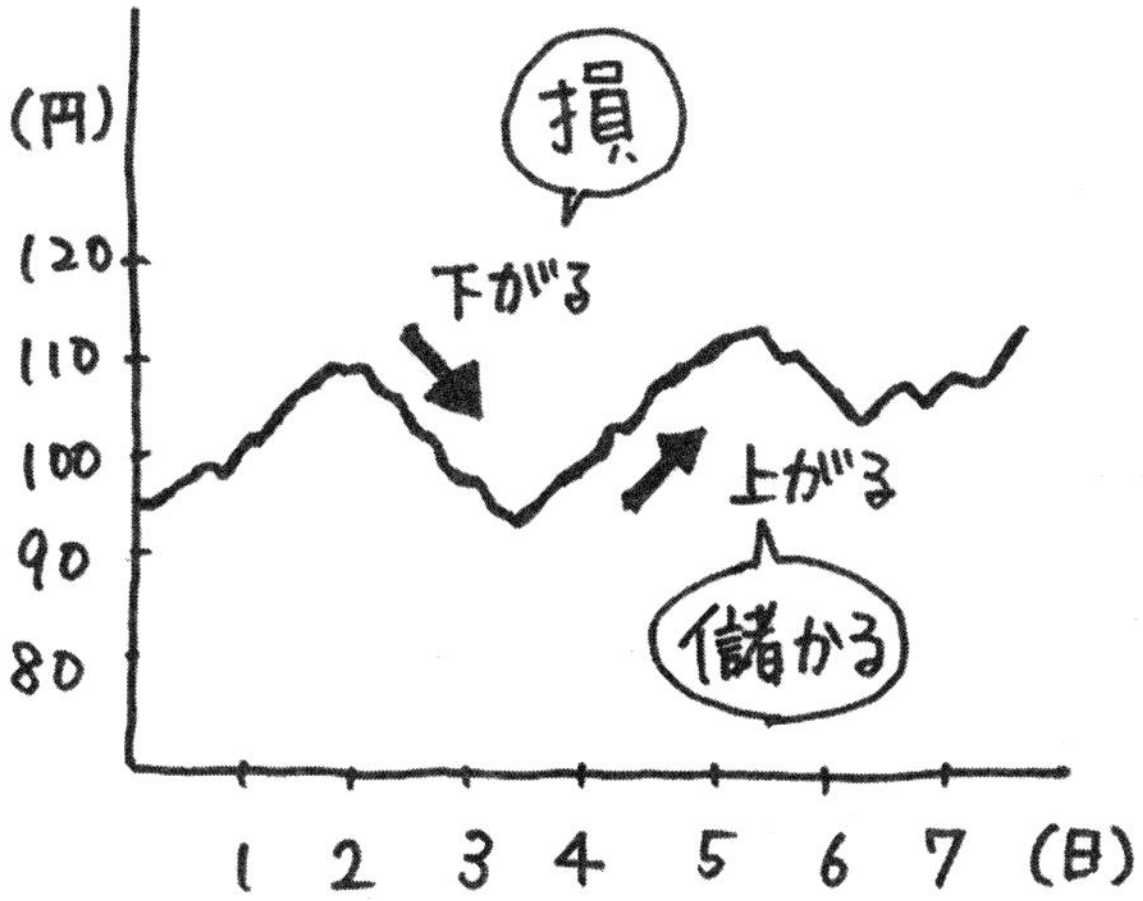
(円)
120
110
100
90
80
損
下がる
上がる
儲かる
1 2 3 4 5 6 7 (日)

グラフが上に行ったら儲かるんだね!

株よりも選択肢が少なくわかりやすい、相場が下がっていても利益をあげることができる、少額でもガツンと稼げる仕組みがあるなどの理由で、ＦＸを好む人も多くいます。また数年前に、普通の主婦が、ＦＸで儲かった利益を隠し、数億円の脱税をしたという事件があり、「主婦でも簡単に儲けられる投資」として、一躍脚光を浴びたのです。

ただ、ＦＸに関してはいいニュースばかりではありませんでした。

みんながＦＸに注目し、取引を開始したため、ＦＸを取り扱う「ＦＸ業者」は、非常に儲かったと思います。それゆえに、悪徳業者も一気に増え、詐欺事件も多発しました。

今は法律の整備が進んだため、以前よりも悪徳業者の数は減っていますが、全くいなくなったわけではないので、詐欺にあわないよう、基本的なことはおさえてから取引を開始することをお勧めします。

○この本の前提

「この本の使い方」として説明した内容ですが、重要ですので再度触れておきます。

ＦＸでは世界中の通貨が取引可能で、また必ずしも「円」を使う必要がありません。「外貨どうし（ドルとポンドなど）」の取引も可能です。しかし、話が複雑になりますし、ＦＸ初心者の方には、まず基本ルールを知っていただきたいので、この本では深く取り上げません。特別な注意書きがある場合を除いて、この本で例に挙げる取引は全て「円とドル」の取引ですので、あらかじめご了承ください。

また、ＦＸの大きな特徴として、「買い」からでなく「売り」から取引を開始することもできます。通常は、自分が持っている「円」で、ドルなどの外貨を買うところから取引がスタートします。円でドルを買って、また円を買い戻したところで、取引が完結します。これが「買い」から入る取引です。

しかし、ＦＸの場合は、「売り」から入ることもできる。外貨を売って、円を手に入れて、それをまた外貨に戻して取引を完結させるのです。通常は外貨なんて持っていませんが、それでもＯＫです。持っていない外貨を「売る」ことができるんです。

「買い」と「売り」は正反対の意味になりますから、「買い」で損をする時に、売れば利益が出ることになる。そのため、相場が上がっていても下がっていても利益を出せる仕組みとしてＦＸは注目を集めたのです。

しかしこれも基本である「買い」を身につける前に応用編の「売り」を知っても意味がなく、話が複雑になるだけです。また、詳細は割愛しますが、売りから入るとリスクが高くなります。（後ほど説明する「スワップポイント（↓P34）を支払わなければいけないケースがほとんどで、その分リスクが高くなります）
なので、この本では基本の「買い」に重点を置いて説明します。こちらも特別な注意書きがなければ、「取引」＝「外貨を買う取引」です。

○外貨に投資するってどういうこと？

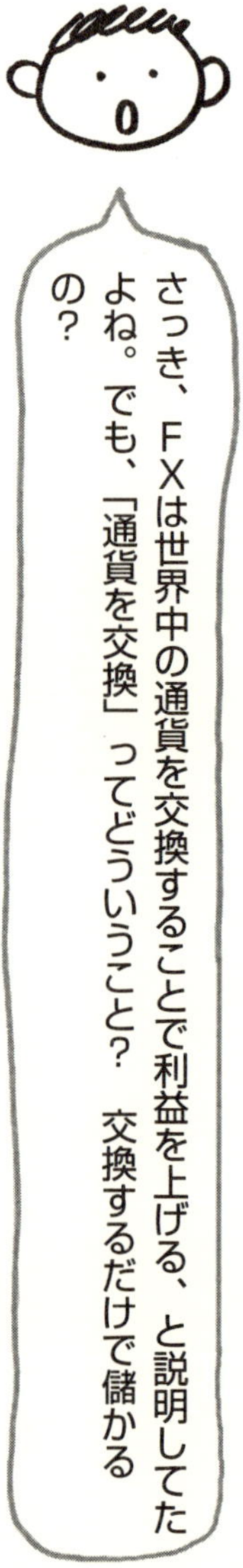
さっき、FXは世界中の通貨を交換することで利益を上げる、と説明してたよね。でも、「通貨を交換」ってどういうこと？　交換するだけで儲かるの？

結論からいいますと、交換するだけで儲かります。ただ、確実に儲かるわけではなく、損をすることもあります。
でも、考えてみると、1万円と千円を交換してくれる人はいません。同じ価値のお金だから交換できるんです。でも同じ価値のお金を交換しても、いつまでたっても利益は上がらないはずです。

この仕組みを理解するために、２つのことを理解しなければなりません。そして、その２つを理解できれば、ＦＸは理解できます。多少理屈っぽくなりますが、これさえわかれば、ＦＸの基礎ができますので、少し我慢してくださいね。

○ 外貨でどうやって儲ける？

ＦＸは、お金を使ってお金を増やす、いわゆる「投資」になります。投資というと、一般的に「株」を思い浮かべる人が多いかと思いますが、最近は株と並んで「外貨」もメジャーな投資対象になっています。特に日経平均が下落傾向にある時は、「これからは株じゃなくて、外貨だ！」と、ＦＸに流れる人々が増えています。

外貨は文字通り「外国の通貨」のことですが、通貨が投資対象になるというのはどういうことでしょうか？　また具体的に、どうすれば利益が上がるのでしょうか？

そこで、まず、「外貨で稼ぐ」という意味で、ＦＸの仲間である「外貨《がいか》預金《よきん》」から説明していきます。

○外貨預金って何？

外貨預金ってよく聞くけど、なんだかよくわからないよ

外貨預金とは、読んで字のごとく「外貨での預金」のことです。通常、みなさんの預金は「円」ですので、通帳の預金残高は「円」で書いてあります。これが「外貨預金」になると、通帳に「ドル」や「ユーロ」、「ポンド」で記載されることになります。要するに、自分が持っている円を、一度外国の通貨に替えて、外国の通貨として預金するんです。

今までドルで書かれた通帳なんて見たことないよ？　ドルを銀行のＡＴＭに入れたら「10ドル預かりました」みたいになるの？

そうではありません。結論からいうと、銀行やコンビニのＡＴＭに普通に海外のお金を入れてもだめです。ちゃんと外国の通貨を預金する口座、外貨預金口座が必要です。

では、どうやってその「外貨預金口座」を作るかというと、これは普通の通帳を作るのと同じで、銀行に行ってお願いすればいいだけです。ただし、外貨預金口座を作れる銀行と作れない銀行があり、また窓口もいつものところとは別になります。

でも、そんなに難しいことではありませんので、インターネットで「外貨預金」を調べて、取扱いのある銀行に行って問い合わせればすぐに口座が開設できます。

○なんでわざわざ外貨預金なんてするの？

外貨預金の儲けポイント

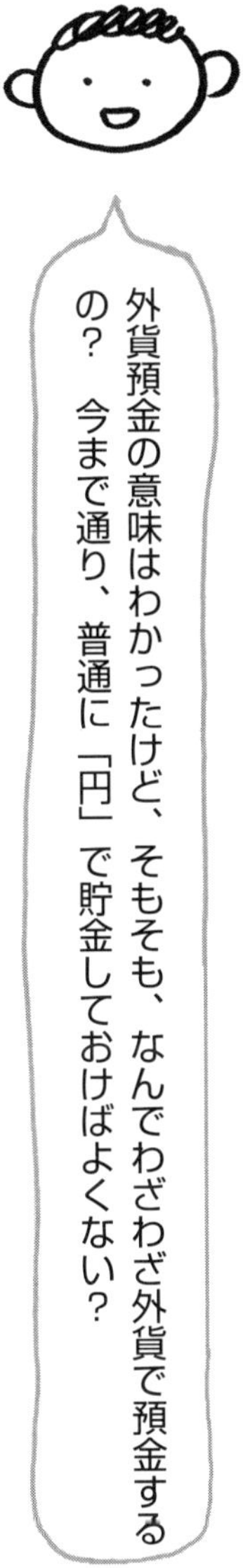
外貨預金の意味はわかったけど、そもそも、なんでわざわざ外貨で預金するの？　今まで通り、普通に「円」で貯金しておけばよくない？

もちろん、外貨で預金しなければいけないということではありません。なぜ外貨預金をするかというと、簡単にいえば、「外貨預金の方が儲かるから」です。儲けたいから外貨預金をするわけです。これはFXにも関連する非常に重要なポイントになります。

外貨預金をする理由は2つあって、

①外貨預金の方が、利子がたくさん付いて、円で預金をしておくより、儲かるから

②為替が変動すれば、もっと儲かるチャンスがあるから

です。順番に説明します。

○内外《ないがい》金利《きんり》差《さ》とは？

「内外金利差」とは、「内」と「外」の金利差のことで、つまり、日本（内）と外国（外）の金利の差を指します。

日本の金利はゼロ金利政策以降、ほぼゼロの状態が続いています。しかし、海外に目を向けると、年率3％、5％、中には10％を超える金利の国もあります。

日本で100万円を1年間銀行に預けても、利子は1年間で数千円しかつきませ

ん。しかし、１００万円を外貨に替えて預金すれば、数万円の利子がつくこともあります。だから、わざわざ外貨で預金をしようということになるんです。

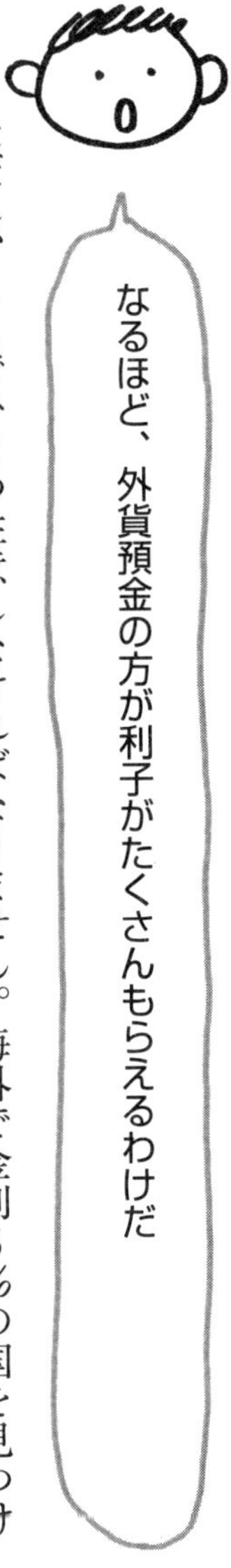
なるほど、外貨預金の方が利子がたくさんもらえるわけだ

ただし、ここでひとつ注意しなければなりません。海外で金利５％の国を見つけて預けたとしても、そのまま５％分多く儲かったとはいえません。そのお金を日本で預けていたとしたら、たとえば0.1％の金利が付いたはずです。だから、プラスで儲かったのは、「５％マイナス0.1％」の「4.9％」になります。だから「金利差」に注目するんです。

0.1％だと大したことないように思えますが、これが２％、３％になると影響が大きくなります。もともと３％の金利で預金できる人が、５％で預金できる通貨を買っても、２％しか得をしません。仮にその人が「５％で預金できる通貨」を選ぶために、2.5％分のコストがかかってしまうのであれば、結果的にもらえる利子は少なくなり、「損」をすることになります。

このように、「差」で考えないと、実態を正確に把握することはできなくなるので、ご注意下さい。

○ 為替変動《かわせへんどう》

次に、外貨預金の儲けポイントの２つ目、「為替変動」について説明します。外貨預金をしている時、うまく為替が動けば、金利とは別に利益を得ることができます。具体的には、ドル預金をしている間に、円安になったら、さらに利益が増えるのです。

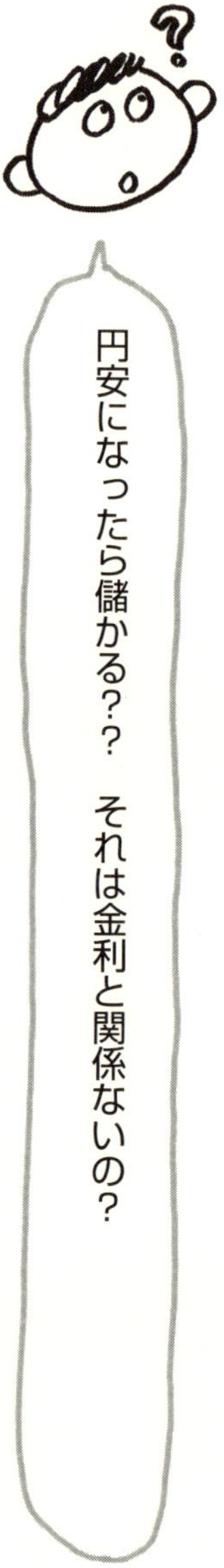

?
円安になったら儲かる?? それは金利と関係ないの?

どういうことかというと、「１ドル１００円」の時に、持っている１００万円をドルに両替すると、1万ドルもらえます。この1万ドルを預金しておけば、当然利子をもらえます。

でもここで、相場が円安になって「１ドル２００円」になったとしたら、どうなるでしょう? 持っていた1万ドルは、２００万円になります。

為替が「１ドル１００円」から「１ドル２００円」に変動したので、円に換算した時の価値が１００万円から２００万円に増えたのです。

つまり、利子は利子でもらえますが、利子の他に、為替が変動したことで利益（「為替《かわせ》差益《さえき》」といいます）を得られるわけです。

これが外貨預金で儲かるポイントの２つ目です。

円安になったら儲かる……
わかるような分らないような

詳しくは再度説明しますので、今は「外貨に投資をしている時に円安になったら儲かる」ということだけ理解してください。

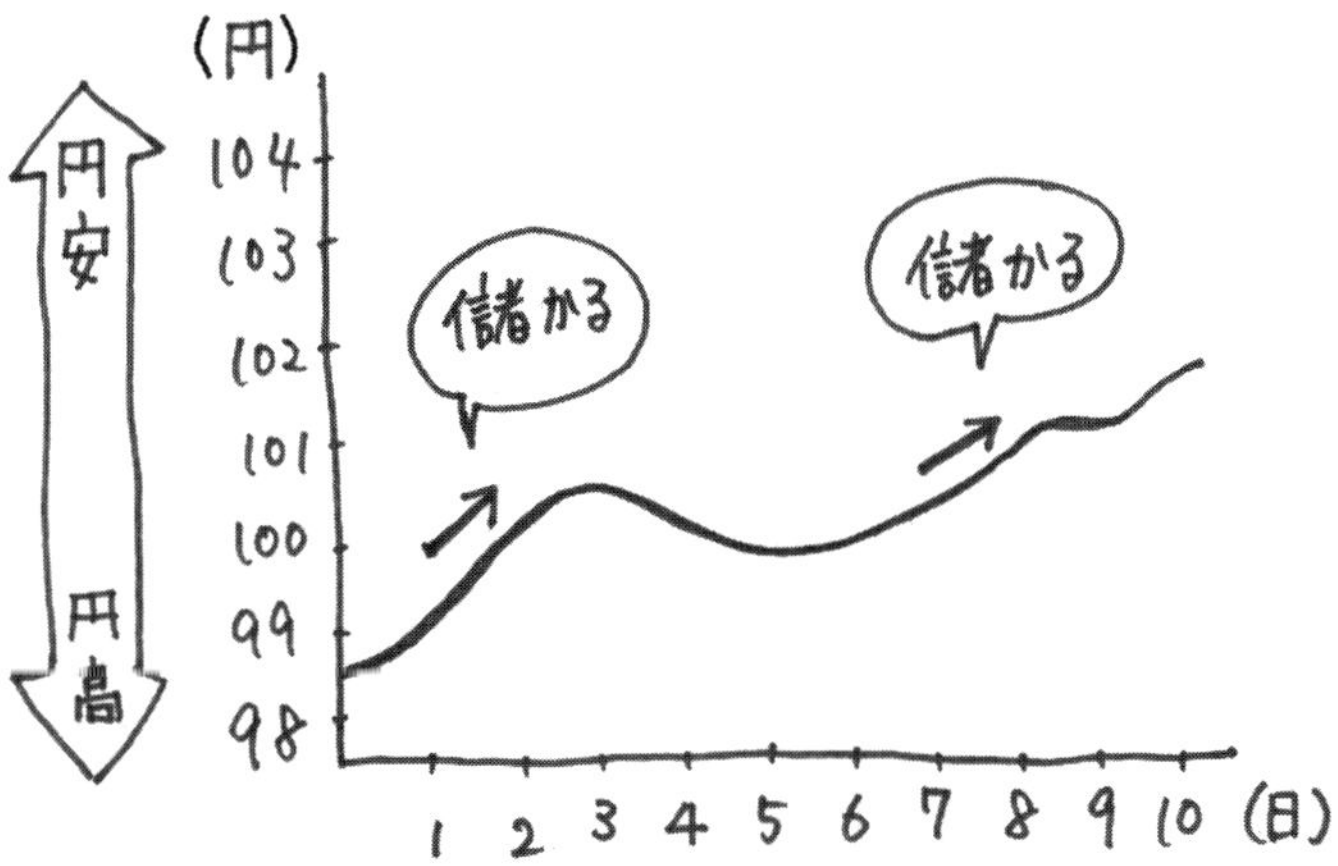
(円)
104
103
102
101
100
99
98
円安
円高
儲かる
儲かる
1 2 3 4 5 6 7 8 9 10 (日)

○外貨投資のリスク

外貨預金に限らず、外国の通貨に投資をする際に、どんなリスクがあるのかを簡単にまとめてみます。

そんなの知ってるよ。損をするリスクでしょ？

結局はそういうことなんですが、それではあまり意味がありません。「どういうリスクがあるから損をする」ということを考えなければダメなんです。

外貨に投資をする際に考えなければいけないリスクは、大きく分けて２つあります。

ひとつ目は、為替レートが変動して「為替《かわせ》差《さ》損《そん》」を抱えるリスクです。先ほど、円安になると為替差益が出るという話を説明しましたが、それの反対で、円高になったら損をします。詳細は後ほど説明します。

つまりこういうことです。１ドル１００円の時に、ドルを買ったとします。これが円高になり、１ドル80円になると、１００円で買ったものが80円になってしまい、20円損をします。これが為替差損です。

そして、もうひとつのリスクは、買った通貨が「紙切れ」になってしまうリスクです。

お金が紙切れになる？
っていっても、もともと紙切れじゃん

「お金が紙切れになる」というのは、「お金がお金じゃなくなる」という意味です。先進国で生活していると信じられないと思いますが、発展途上国の中には、まだまだ国内が不安定な国もあります。

暴動が頻繁に起きていたり、ここ何年かの間にクーデターが起こった国などは、政局が不安定です。最悪の場合、買った通貨が廃止になってしまう可能性だってあります。

また、借金が多すぎて、国が「倒産」してしまうことも、理論上はあり得ます。

このような「お金がお金じゃなくなるリスク」は、通常の為替変動のリスクとは別モノです。

もちろん、このような事態が頻繁に起こるわけではありませんが、国の情勢が安定していない通貨を買うと、通常の為替変動とは、また違う種類のリスクを抱えることになります。

2時間目

ＦＸの
儲けポイント
とは？

はじめての
FX1年生
2 時間目

FXの儲けポイントとは?

では、次にいよいよ本題のFXについての説明です。

ですが、実はFXは、今説明した外貨預金とほとんど同じ仕組みなんです。FXでも、外貨預金と同じで、儲かるポイントは、

① 金利差（FXでは「スワップポイント」といいます）
② 為替変動

です。

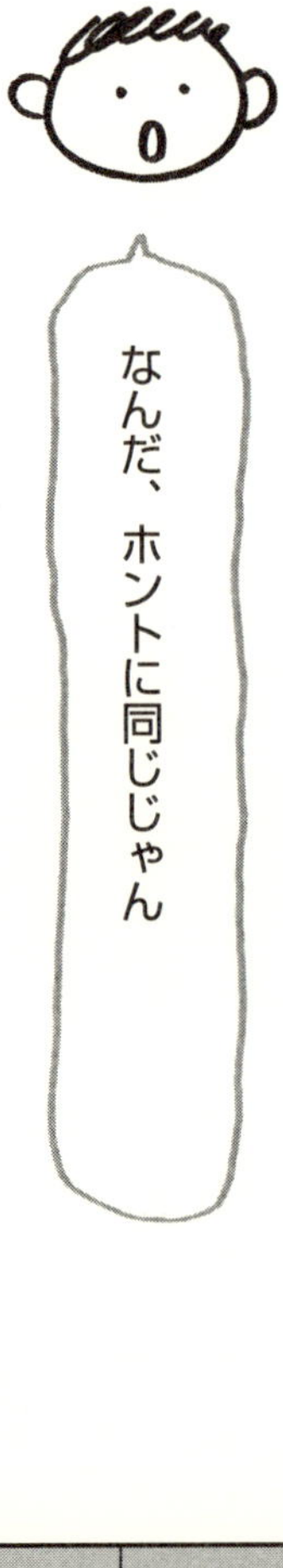
なんだ、ホントに同じじゃん

FXで、「円」を「ドル」に交換すると、ドルと円の金利の差額（スワップポイント）を受け取ることができます。この場

外貨預金	FX
内外金利差	スワップポイント
為替変動	為替変動

合、円を渡して、ドルを持つことになるので、ドルの金利を得られます。ただ、渡した「円」の金利が差し引かれることになります。これがスワップポイントのルールです。先ほど説明した内外金利差と全く同じ仕組みです。

たとえば、ドルの金利が３％で、円が１％だったとしたら、受け取るスワップポイントは、「２％」になるわけです。

となると、できるだけ金利が高い国の通貨と交換すれば、日本との金利差が大きくなるので、スワップポイントも多く稼げることになりますね。これがＦＸの儲けポイントのひとつ目です。

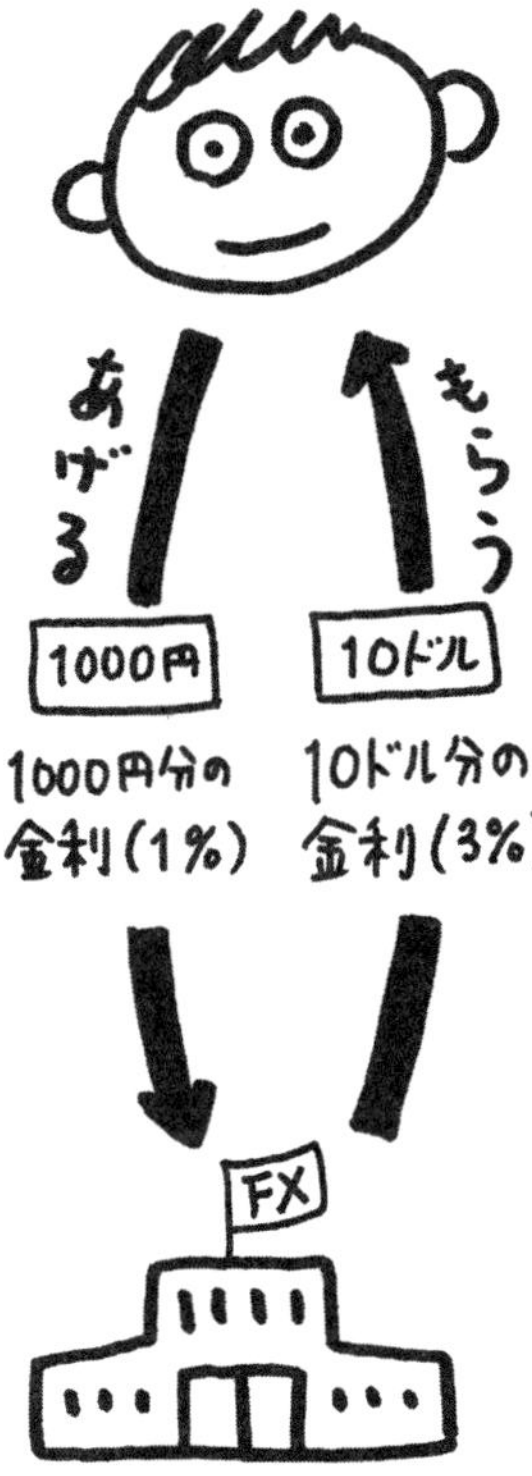

そして2つ目は、「為替差益《かわせさえき》」です。

外貨預金と同様に「為替レート」が変動することで、利益を上げることができます。円とドルを交換して、ドルを持っていたとします。

外貨預金のケースとまったく同じですが、100万円を「1ドル＝100円」で1万ドルに替えたとしましょう。

ドルを持っている間に円安になり、「1ドル＝200円」になったらどうなりますか？

1万ドルを円に戻すだけで200万円手に入るから、100万円利益が出る！

その通りです。これも外貨預金の説明と全く同じです。これがFXの儲けポイントの2つ目です。

○狙うって具体的にどういうこと？

ＦＸで稼ぐためには、先ほど説明した2点で儲けるしかありません。「スワップポイント」と「為替変動」です。

この2つで儲けるよう狙えばいいわけですが、「狙え」といわれても、具体的に何をどのように狙えばいいのかわかりませんね。それをこれから説明します。

○スワップポイントを狙う方法とは？

スワップポイントとは、「金利差」でしたね。ここでは、全て円と外国の通貨を買う取引を考えますので、

スワップポイント　＝　交換する外国通貨の金利　－　日本の金利

となります。

要するに、スワップポイントでたくさん稼ぎたければ、金利が高い国の通貨を選べばいいわけです。これは比較的単純な話だと思います。

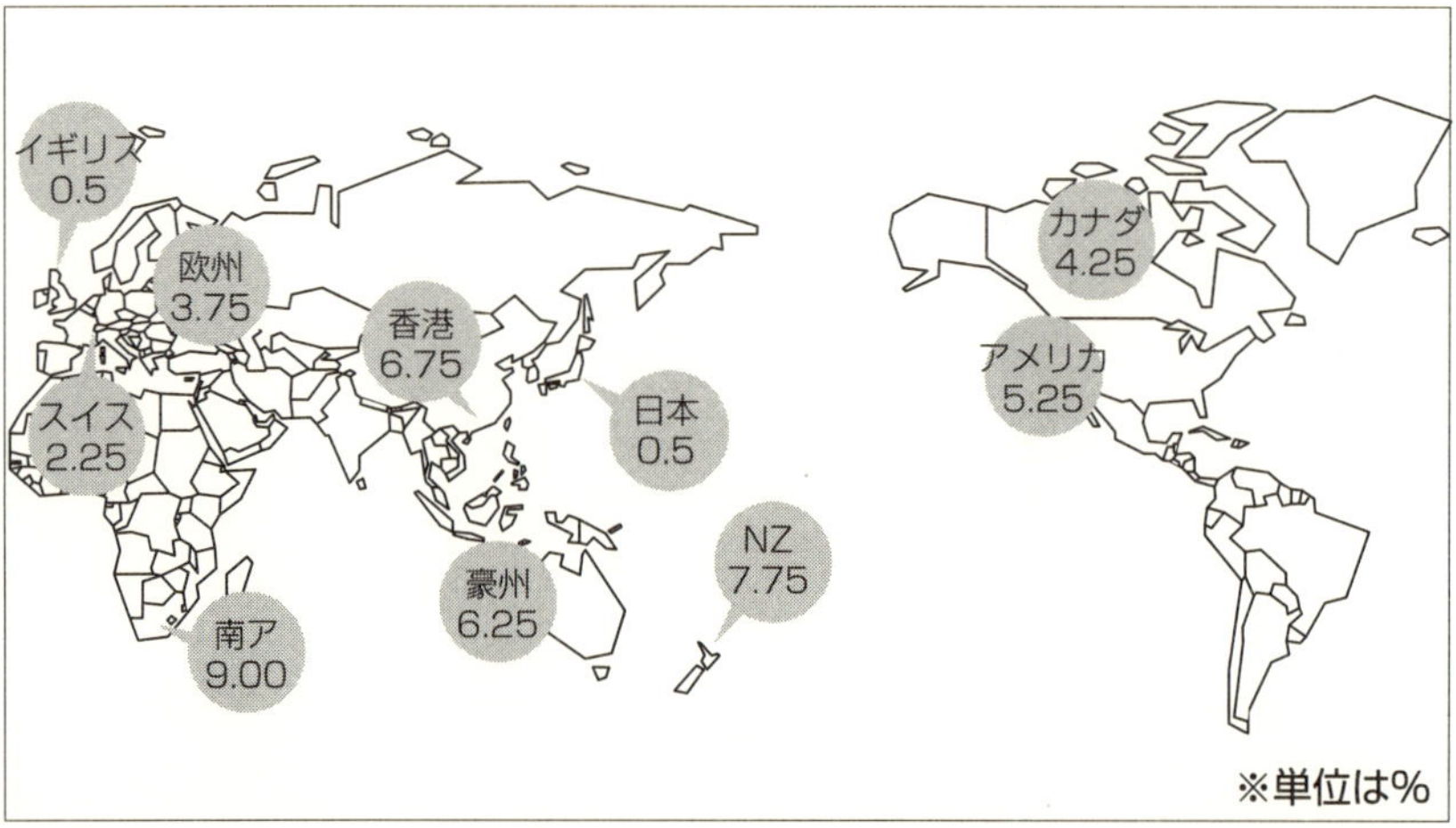
イギリス
0.5
欧州
3.75
スイス
2.25
香港
6.75
日本
0.5
南ア
9.00
豪州
6.25
NZ
7.75
カナダ
4.25
アメリカ
5.25
※単位は%

ちなみに、２００７年５月世界中の金利を見渡すとこのような感じです。

この金利は２００８年の世界的な金融危機以前のものです。世界的金融危機によって、各国の金利はいわば「異常」な状態になってしまいましたが、中長期的にみると元の水準に戻ると思われますので、あえて以前の金利で比較しています。

国によって
ぜんぜん違うね!

なお、スワップポイントは、ドルを持っている間は毎日もらえます。

え、毎日もらえるの？　じゃあ、金利が5％付く通貨を、100万円分買ったら、毎日5万円もらえるってこと!?　すごいじゃん!!

それは違います。

５％というのは、１年間でもらえる金利です。だから１００万円分の通貨を１年間持っていたら、１００万円×５％で５万円もらえます。でも半年しかもっていなければ、その半分の２・５万円、１か月しか持っていなければ、５万円÷12で、４１６６円しかもらえません。

スワップポイントの場合、毎日毎日「１日分」の金利を受け取れるので、仮にスワップポイントが年間で５％の場合は、５万円÷３６５で、毎日１３７円分をもらえることになります。

137円分って何？　137円もらえるんじゃないの？

「137円分」と書いたのは、スワップポイントは、買った国の通貨で付くからです。ドルを買ったら、137円分がドルで、ポンドを買ったらポンドで付きます。

でもスワップポイントの「利率」は為替相場とは関係がありません。仮に1ドル100円だったのが、急激な円高になって1ドル50円になったとしても、スワップポイントは相変わらず、アメリカと日本の金利差分だけ毎日付きます。ただし、今説明したように、スワップポイントはドルで付くので、円高になってしまうと、円に戻した時に額自体は減ってしまいます。

また、金利差自体も固定ではありません。アメリカの金利は、2007年5月は5・25%でしたが、2009年は0・25%になっています。日本の金利はさほど変わっていませんが、「金利差」で考えると、ずいぶん小さくなっています。

スワップポイントの大枠の考え方はこの通りで、金利差を表していることには変わりありません。なので、本来どこのFX業者でも、スワップポイントは同じ額になるはずですが、FX業者によって若干スワップポイントに差がありますので、ご注意ください。

スワップポイントがいくらなのかは各社のホームページに掲載されています。毎日変化しますので、ぜひ今日のスワップポイントがいくらか、確認してみてください。

○為替差益を狙う方法とは？

次に、ＦＸの儲けポイントの２つ目、「為替差益」を狙う方法です。

すでに何度か出てきましたが、外国の通貨と交換して、その通貨が値上がりすれば、儲けることができます。株といっしょで、買った時よりも値が上がれば、売った時に差額が利益となります。

円とドルを例にとると、円でドルを買った後で、ドルが値上がりすれば、つまり「ドル高」になれば儲かります。

ということは、為替差益を狙うには、今後値上がりしそうな通貨を選べばいいということになります。世界中の通貨を見渡して、値上がりしそうなものが見つかれば、それを買えばいい。

また逆に考えると、こうなります。相手の通貨が値上がりするということは、見方を変えると、「円安になる」ということです。「ドル高になる」ということは、つまり「円安になる」ということなんです。なので、今後円安に

ドルはこれから人気が出そうだから、今のうちに買っておこう
ドル
お買得
または…
円安になりそうだから今のうちに何か買っておこう！
ドル

なりそうな時に、外国の通貨を買っておけば、儲かるわけですね。

詳しい話は後で説明しますので、今の段階では、為替差益を狙うためには、「今後値上がりしそうな通貨を買えばいい」、または「円安になりそうな時に、外国の通貨を買えばいい」という原則をおさえてください。

円安になれば儲かるということは、反対に円高になったら？

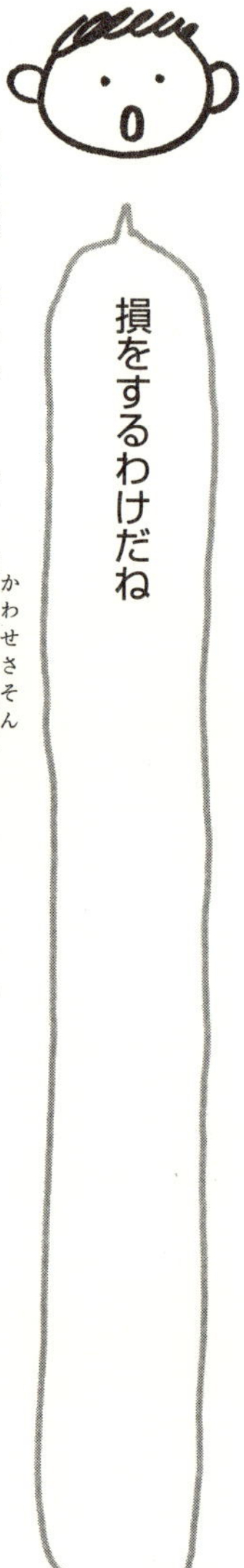

その通りです。これを「為替差損《かわせさそん》」といいます。
FXには、この「為替変動」と、さっき説明した「スワップポイント」の2つの儲けポイントがあり、2つの合計で最終的な利益／損が決まります。片方で儲けても、もう片方で損が出て、結局トータルで損をしてしまうこともあるので、どっちも大切です。
しかし為替差益の方が、変動幅が大きい。すごく儲かる時もあれば、めちゃめちゃ損をする時もある。たとえ、安定的にスワップポイントを稼いでいたとしても、円高になって利益が全部ふっとんじゃうことも日常茶飯事です。
つまり、為替がどのように変動するかによって、FXは儲かりもすれば、損もしてしまうわけです。これは非常に重要なポイントです。

○円高になる時、円安になる時ってどんな時？

このように、今後円高になるか円安になるかは、非常に重要です。なので、どういう時に円安になって、どういう時に円高になるか、整理しておきます。

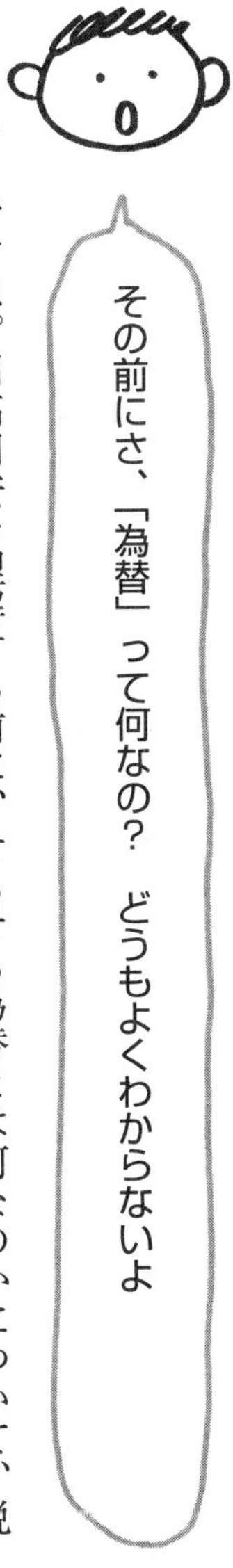
その前にさ、「為替」って何なの？　どうもよくわからないよ

そうですね。円高円安を理解する前に、そもそも為替とは何なのかについて、説明しておきましょう。

○為替って何？

テレビや新聞で「本日の為替レート」「円相場」など、為替に関係したキーワードを目にすることもあると思います。「1ドル100円50銭～60銭で取引されています」というようなフレーズはよく聞きますね。

あれは要するに、「円」が他の国の通貨に比べて安くなったか高くなったかなどの話をしています。

円が高くなる、安くなるというのも変な感じに聞こえますが、その前に、そもそも「為替」がどういう意味なのか、確認しておきます。

「為替」とは、「両替」ととらえればわかりやすいです。「為替」とは、もともと全然違う意味ですが、通常、新聞やテレビで為替といったら「両替」に置き換えて聞くと話が通ります。

両替はお金とお金を交換することですが、「為替」に関していうと、ある国のお金と、別の国のお金を換えることを指しています。なので、「為替レート」というのは、「両替のレート」、つまり例えば1円といくらを交換するかということを表しています。

そして、このレートが変われば、同じ額の日本円でも交換してもらえる量が変わるというわけです。

また、よく「円安」、「円高」といいますが、これは通常は「ドル」と比べていいます。ドルと比べて「円が高くなった」、「安くなった」といっているわけですね。

○「円高」、「円安」って結局どんな意味があるの？

それと「円安になった」、「円高になった」っていうこともよく聞くけど、そんなに重要なことなの？　何に関係しているのかわからないなぁ

それを説明するために、まず、「円が安くなった」、「円が高くなった」というのはどういう意味なのか、考えてみます。

結論からいいますと、円も普通の商品と同じように、需要が多ければ値段は上がり「円高」になります。また反対に需要が小さければ「円安」になります。

つまり「円安になる」ということは、「円に対する需要が減った」、「円高になる」ということは、「円に対する需要が増えた」という意味なんです。

世界各国の通貨を見ると、安い通貨や高い通貨があります。アメリカドルやユーロなどは非常に強い（高い）通貨ですね。一方でアフリカや南米の発展途上国の通貨は非常に安い状況です。

どうして、そんな差が生まれるの？

繰り返しになりますが、「通貨が高い」ということは、その通貨の需要が多い、つまりみんなその通貨をほしがっているということです。アメリカのドルやヨーロッパのユーロは、みんながほしいと思っているので、高いんです。逆に発展途上国の通貨はあまりほしがる人がいないので、安いのです。

また、一般的に、ある国の通貨が高いというのは、その国の経済にみんな期待している、という状況の表れです。

その国の経済に期待？　その国に何かしてもらえるの？

そうではありません。

「期待」というのは、その国の経済が大きくなると思っているということです。通貨の需要が多いと、その通貨の価格は高くなりますが、なぜ需要が多いかというと、みんながその国と商売・取引したいと思っているからなんです。

日本人は普段円を使っているので、円換算で値段を提示したり、円で代金を支払ったりするほうが便利ですね。なので、日本と商売をしたければ、日本人に合わせて円で決済（お金のやり取り）をできるように準備をしておいた方が有利です。だから円をほしがる。

なるほどね〜　でも待てよ、どうしてみんな日本人と商売したがるのかな？
どういう時に日本人と商売したくなるの？

重要なポイントですね。

なぜみんなが日本で商売をしたがるかというと、日本人と商売すれば儲かると感じているからです。みんな大きい商売がしたいと思うので、経済規模が大きい国や今後成長していきそうな国とに人気が集まります。

そうすると、現在経済が強いＥＵ・アメリカ、今後経済が成長しそうな中国・インドなど国の通貨の、需要が多くなり、値段が上がっていきます。

このように、経済が強いと通貨も高くなる。これを反対に考えると、為替レートは国の経済の規模、もしくは期待を示しているということになりますね。

通貨の値段が高い国は経済が強い、通貨の値段がどんどん上がってきたら、その国はこれから経済が強くなっていきそうということなんですね。つまり、為替を見ると、その国の経済がどうなっていきそうかがわかるわけです。為替は国の経済の強さを表していることになります。

○為替レートを動かす要因

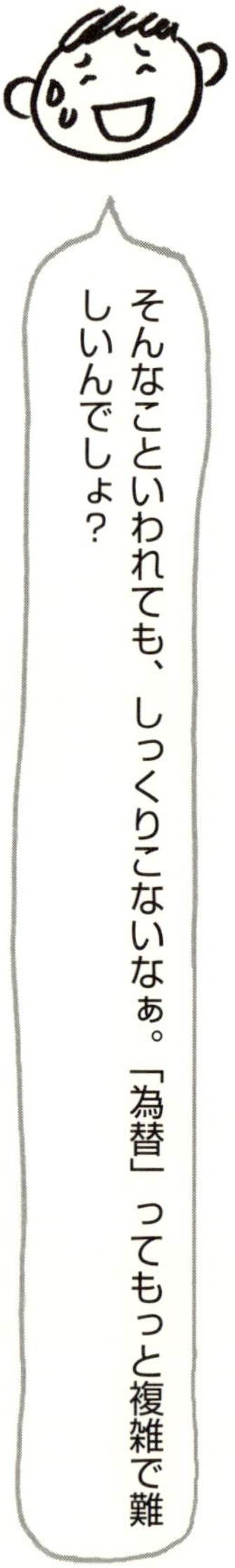
そんなこといわれても、しっくりこないなぁ。「為替」ってもっと複雑で難しいんでしょ?

「為替」と聞くと、非常に難しく感じ、経済ニュースの隅から隅まで、さらに国際情勢も熟知していないと把握できないもののような気がします。

確かに、経済ニュースでは「アメリカの○○という対策が、金融市場に影響を与えたため、マーケットは円高に動きました」など、難しい言葉で語られています。

しかし、そこまで難しく考える必要はありません。

もちろん、為替レートが変動する理由は、非常に複雑で、ひと言で単純化できるものではありません。ただ、為替に影響を与える事柄は大きくいくつかに分類することができます。

これらを全て覚える必要もありませんし、これらを知っていたからといって、相場の流れが完璧に予測できるわけでもありません。「原則として、こういうことが起きたら、為替が動きやすい」というレベルで理解してください。

① 景気動向

先ほども出てきましたが、経済が強い国の通貨は強くなる傾向があります。経済が強いということは、一般的ないい方をすると「景気がいい」ということです。そのため、その国の景気が良くなれば、通貨は強くなります。日本の景気が良くなれば、「円高」になりますし、アメリカの景気が良くなれば「ドル高（円安）」の傾向になります。

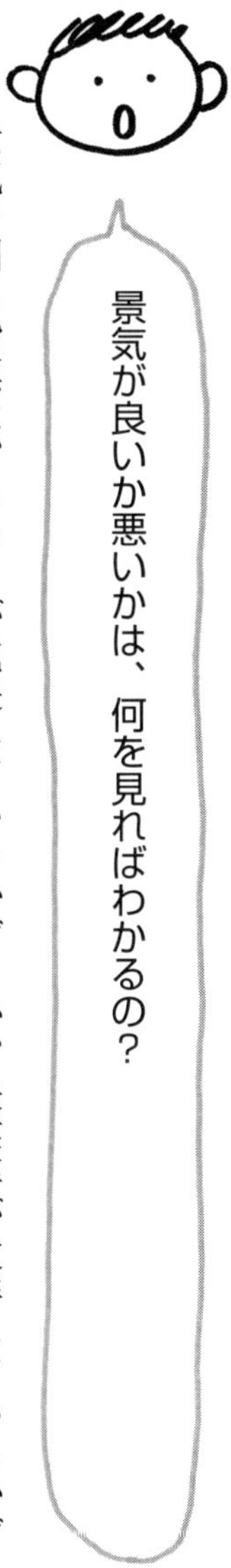
景気が良いか悪いかは、何を見ればわかるの？

景気を測る指標は、ＧＤＰが成長しているかどうか、失業率が改善しているかどうか、などいろいろあります。一度にたくさん覚えようとしても難しいので、今の段階では「景気が良くなる→通貨が高く（強く）なる」とだけ理解してください。

② 政治動向

景気動向が為替レートに影響を与えますが、その経済をサポートする政治動向も同じように為替を動かす要因になります。

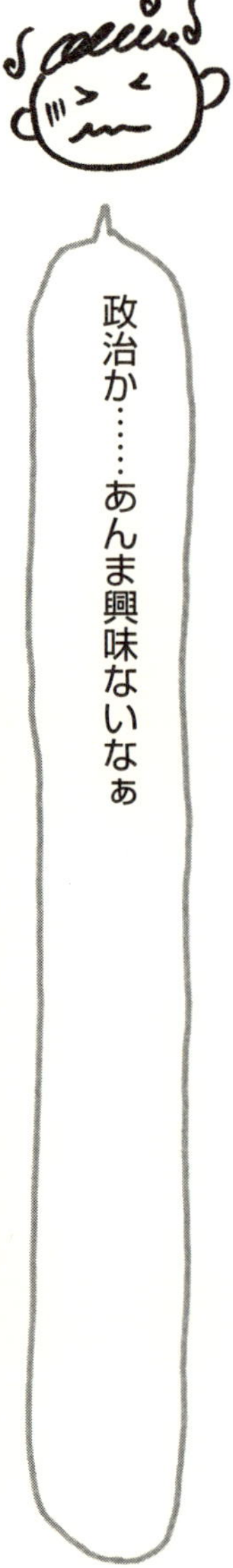
政治か……あんま興味ないなぁ

わかりやすい例でいうと、アメリカの大統領選挙や、日本の総理大臣の辞任のニュースです。国の指導者が変わると、経済政策も変わる可能性があります。また新しい指導者の評判によっては、これから経済が発展しそうだと思われ、その国の通貨は値上がりすることもあります。逆に失望感が広まれば、通貨が値下がりします。

③ 各国の金利

外貨預金やFXの儲けポイントでも説明しましたが、金利が高いと投資利益も多くなります。

そのため、金利が高い国で預金をしたい、投資をしたいと考えるのは自然なことです。そして、金利が高い国で投資をするためには、その国の通貨を買わなければいけない。そうすると、その国の通貨は需要が増え、高くなります。

つまり、金利が高くなると、通貨も高く（強く）なりそうということですね。もちろん金利だけで投資先の国を選ぶわけではありませんが、他の条件が全く一緒だったら、金利は高い方が通貨も高くなります。

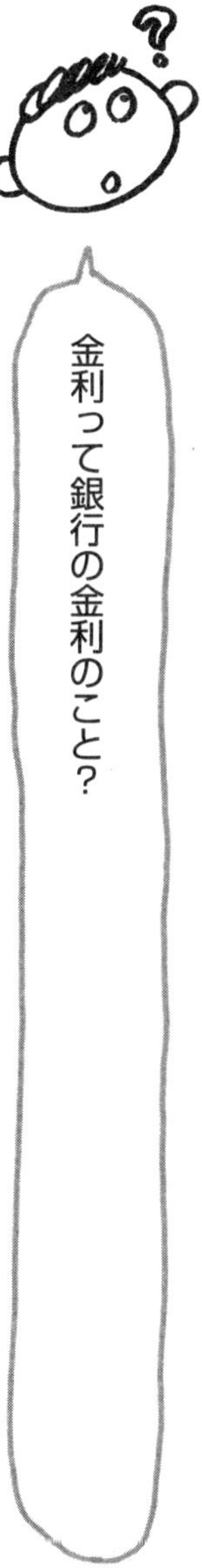
金利って銀行の金利のこと?

それに近いですが、厳密にいうと、各国の中央銀行（日本でいうと「日銀」）が決めている金利です。日本では「公定歩合《こうていぶあい》」がそれにあたります。なので、各国の中央銀行が金利を上げるか、下げるか、もしくは変更しないか、は非常に注目を集めています。

実際に、金利が上がりそうな国の通貨は値上がりしていきますし、金利を下げると、一気に人気がなくなって通貨が安くなるという事態も起こります。

④ 貿易収支（貿易・サービス収支）

「貿易収支」とは、海外との貿易でもらうお金と払うお金の差のことです。海外と商売をしていれば、「海外に売るもの（収入）」もあれば、海外から買うもの（支出）」もあります。この差が「貿易収支」です。

なんでこれが為替に影響するの？

例えば、アメリカに商品を売った場合、代金はドルで受け取ります。でも日本でドルを持っていても使えないので、このドルを円に替えなければなりません。この時、円の需要が高まるので「円高（ドル安）」になります。

反対に、アメリカから商品を買った場合、円で支払いますが、アメリカの企業はそれをドルに交換します。となると、ドルの需要が増えるので「ドル高（円安）」になります。

アメリカに商品を売ると「円高ドル安」に、アメリカから商品を買うと「円安ドル高」になる力が働きます。どっちが多いか（収支）によって、円高になるか、ドル高になるかが決まるわけです。

⑤ 原油価格

原油価格も為替に影響を与える要素と考えられています。普段の生活では、原油価格が上がるといわれても、いまいちピンときません。

ガソリンが値上げする程度にしか思わないよ

そうですね。でも実はもっと大きい話なんです。原油の値段が上がると、原油を使って工場を動かしているメーカーや、運送会社などはコストが増えてしまいます。コストが増えると、業績が悪くなる。これを国全体で見ると、「原油価格が上がると、景気が悪くなる」ということになります。

そして、最近では特に原油価格の高騰《こうとう》はアメリカ経済に悪影響を与えると判断され、ドルが売られる事態が多くなっています。原油価格が上がると、「円高ドル安になりそう」と判断できるわけです。

○為替レートは2国間の「競争」で決まる

為替レートが変動する代表的な要因を説明しました。ただし、これだけでは不十分です。為替は相手の通貨と比べて、どっちが人気があるかで、値上がり・値下がりが決まります。

いわれてみればその通りですが、為替レートは２つの通貨で表されます。円ドル相場は「円」と「ドル」で、円ポンド相場は「円」と「ポンド」で、ドルユーロ相場は「ドル」と「ユーロ」で表現されます。

「１ドル１００円」「１ポンド１５０円」など、２つの通貨価値の関係を表したのが為替レートなんです。

ここで、円の人気が上がれば「円高ドル安」「円高ポンド安」になり、ドルの人気が上がれば「ドル高円安」「ドル高ユーロ安」になります。

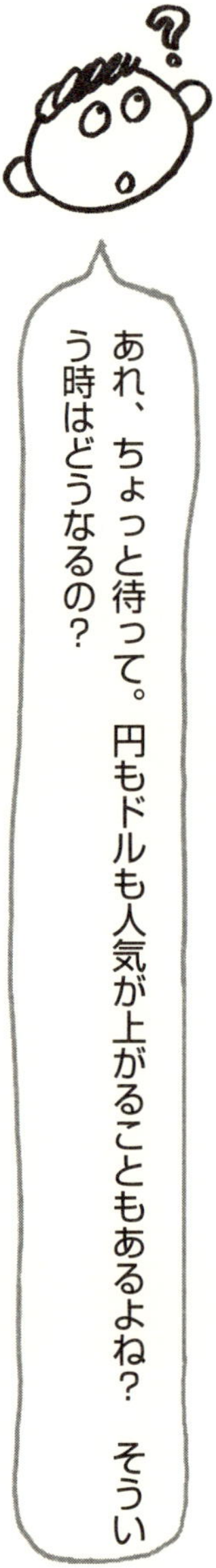
あれ、ちょっと待って。円もドルも人気が上がることもあるよね？　そういう時はどうなるの？

そういう時は、円とドルのどちらがより人気があるかの競争になります。円の人気が上がっても、それ以上にドルの人気が上がったら、「円安（ドル高円安）」になります。

　さきほど、通貨の人気はその国の経済力や将来への期待を反映している、という原則を説明しました。となると、為替レートが高くなるか安くなるかは、比べる相手の国の経済力との競争ということになります。

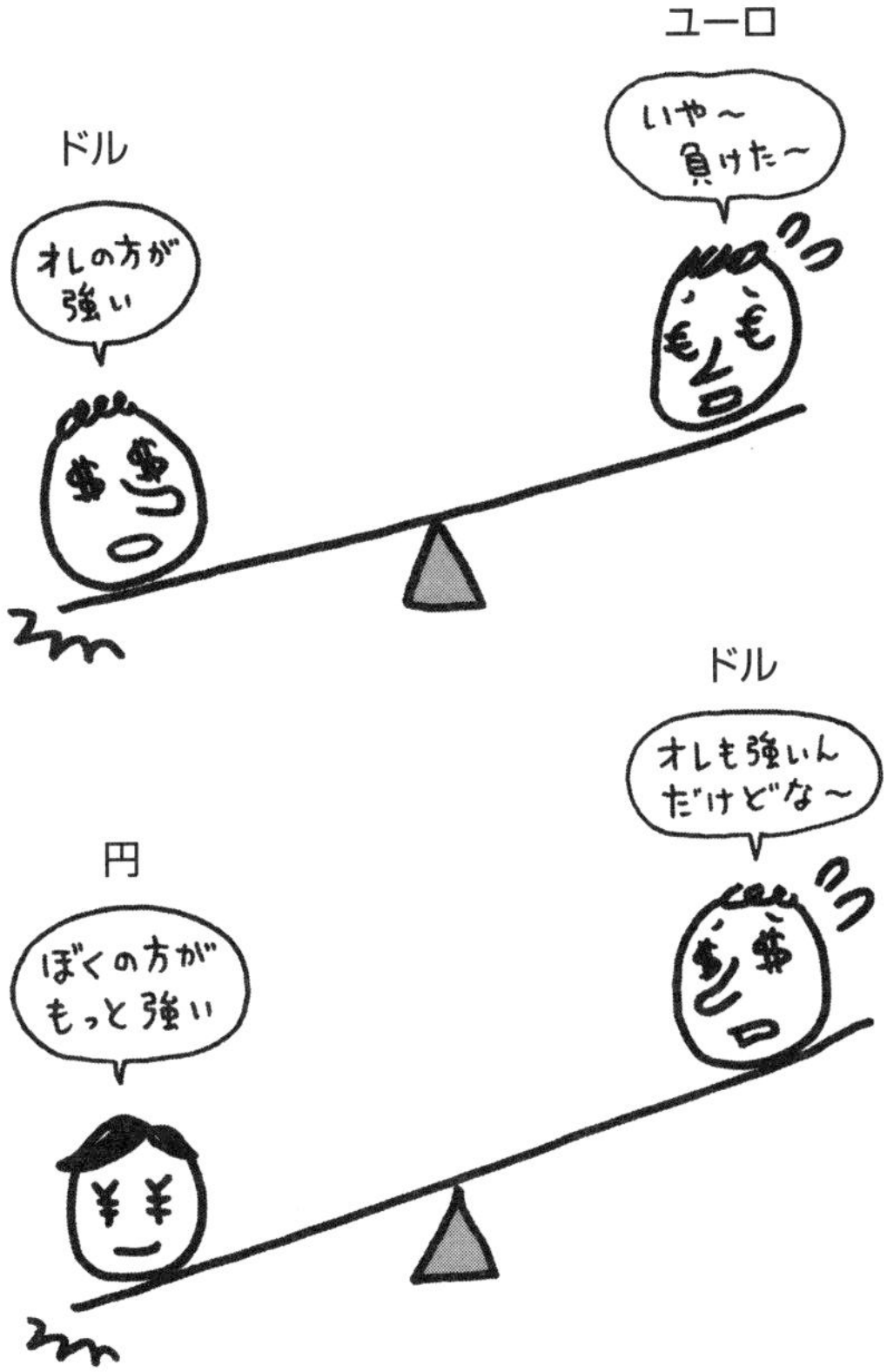
ユーロ
いや～負けた～
ドル
オレの方が強い
ドル
オレも強いんだけどな～
円
ぼくの方がもっと強い

練習

これって円安？ 円高？

為替レートがややこしく感じる理由の一つに、「1ドル○○円」という書き方の問題があります。通常の商品で考えると、例えば、

「コーラ1本100円」が「コーラ1本120円」

になったら、「コーラ」は値上げされた、高くなったと認識します。

しかし、為替の場合は逆なんです。

「1ドル100円」が「1ドル120円」

になったら、これは円安です。円高ではありません。

「1ドル100円が120円になったら、円安」ってことを頭で理解していたとしても、なかなか腑《ふ》に落ちていない方も多いのではないでしょうか？

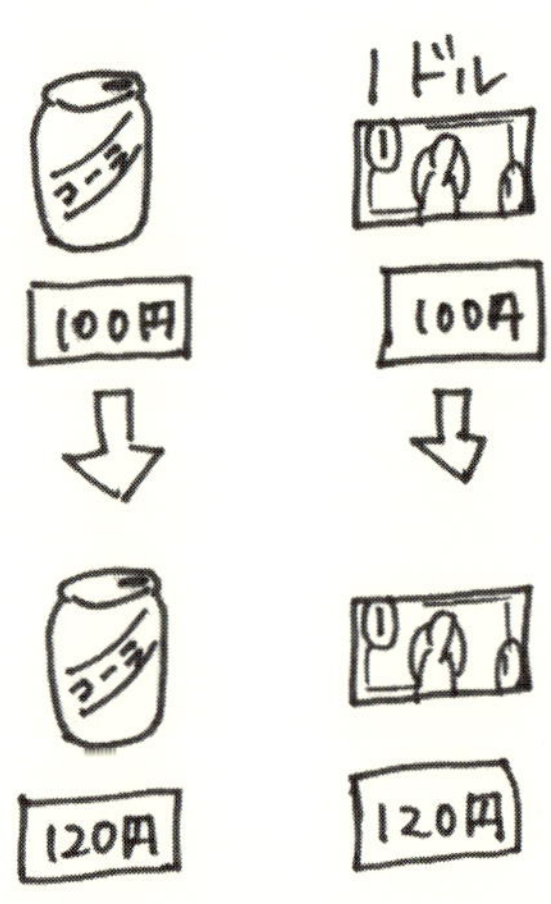

だって、コーラの場合は「値上げ」なのに、為替になると「値下げ」ということになっちゃうわけでしょ？　納得できないなぁ

そう感じている方は多いと思います。しかし、実はよく見ると、何も矛盾点はないことに気付きます。

① コーラの場合

「コーラ1本 ＝ 100円」だったのが、
「コーラ1本 ＝ 120円」になったわけです。この場合、主語はコーラですね。

② 為替の場合

「1ドル ＝ 100円」だったのが、
「1ドル ＝ 120円」になった。この場合の主語は、「ドル」です。つまり、「コーラが値上がりした」のとまったく同じように、「ドルが値上がりした」んです。

そして、ドルが値上がりしたということは、裏を返すと「円が値下がりした」、「円安になった」ということです。ですから、コーラで考えた時も、為替で考えた時も、何も矛盾はなく、実はまったく同じ考え方をすればいいのです。

とはいっても、すぐにこの見方ができるわけではないと思います。なので、ここで練習問題をやってみましょう。

1ドル100円が、1ドル80円になった。これは円高？　円安？

1ドルが100円から80円になった。1ドルの値段が100円から80円に下がった。だから「ドル安」です。つまり、「円高」です。

1ドル80円が、1ドル100円になった。これは円高？　円安？

これは、前の問題と反対で、1ドルが80円から100円になっています。1ドルの値段が80円から100円に上がっているわけですから、「ドル高」。なので、「円安」です。

○為替変動を予測する分析

円安、円高の仕組みや意味は、何となくわかったけど、それがＦＸとどんな関係があるの？　理屈は面倒だから、結論だけ教えてほしいな。

そう慌てないでください。

円安円高の仕組みはＦＸで儲けるために一番必要な知識なんです。ここをないがしろにすると、いつまでたっても勘で勝負することになりかねません。

ＦＸでドルを買った後、円安になれば、為替差益を得られます。ということは、「いつ円安になるか」がわかれば、利益をあげられるということです。

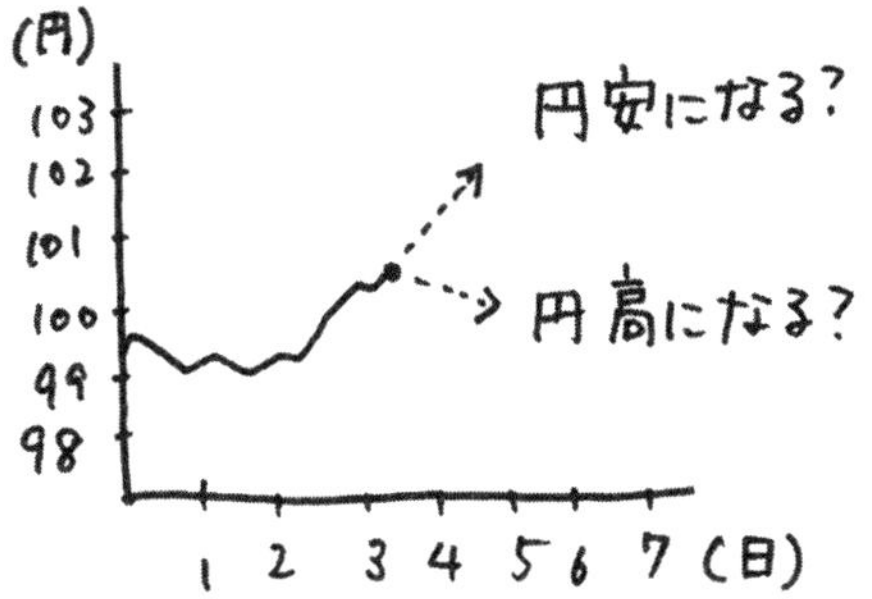

じゃあ、どうすれば円安になるタイミングがわかるの？　それを教えて！

出ばなをくじくようで申し訳ないですが、為替の動きを完璧に予測することはできません。それができたら、誰でも億万長者になれます。

ただ、結局わからないから、やみくもに取引をするしかないのかというと、そうではありません。為替を分析することで、おおよその傾向をつかむことはできます。

まず大事なのは、先ほど説明した円安・円高になる仕組み、原則を知ることです。為替のルールのようなものなので、ここを外しては先に進めません。

そしてその上で、「ルール」に照らし合わせて、今後、ドルやユーロが値上がりしそうか、値下がりしそうかを分析するのです。

分析手法には「ファンダメンタル分析」と「テクニカル分析」の2つがあります。

①ファンダメンタル分析

ファンダメンタル分析とは、経済の基礎的条件（ファンダメンタルズ）を分析することです。先ほど為替はその国の経済の力（と将来への期待）を表していると書きました。これは大原則です。

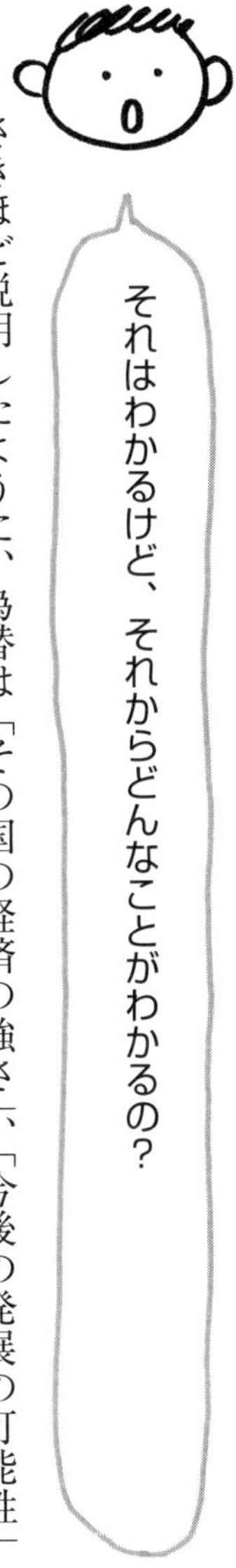
それはわかるけど、それからどんなことがわかるの？

さきほど説明したように、為替は「その国の経済の強さ」、「今後の発展の可能性」を表しています。となると、国の経済がどんどん強くなっている状況では、その国の通貨もどんどん高くなると予想できます。国の経済がめちゃめちゃ強いのに、その国の通貨が激安の状態にはならないのです。

為替レートは一時的に実力からかけ離れたレートになることもあります。しかし、もしなったとしても、一時的な話で、やがては国の経済力にふさわしいレートに落ち着いてきます。

つまり、経済の状況を見れば、為替が値上がりしそうか、値下がりしそうか、大枠がつかめるはず。この通貨は今後強くなっていきそうか、弱くなっていきそうかがわかるということですね。

このように、経済の状況を分析することをとして、今後為替レートがどうなっていきそうか見極めることを「ファンダメンタル分析」といいます。

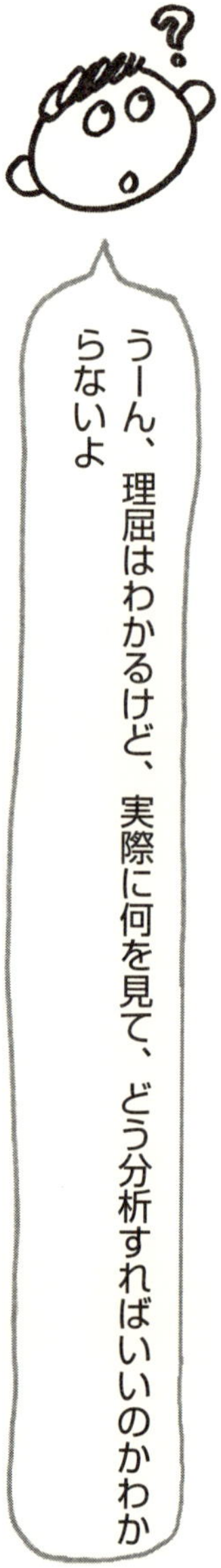
うーん、理屈はわかるけど、実際に何を見て、どう分析すればいいのかわからないよ

ファンダメンタル分析は、経済の「地力」を判断できる、いくつかの項目を調査します。それが好ましいデータになっていれば、国の経済力が強くなっていく、悪くなっていれば、経済が弱くなっていくと判断します。

具体的には、さきほど説明したように

- **その国のＧＤＰはどれくらい成長しているか**
- **輸出は伸びているか**
- **政治は安定しているか**

などですが、決まった項目はなく、経済に関わりそうなもの全てが分析の対象になります。

② テクニカル分析

為替レートの今後を予測する方法としては、今紹介した「ファンダメンタル分析」

の他にもうひとつ、「テクニカル分析」というものがあります。

テクニカル分析とは、「今までどのような値動きをしてきたのか？」という過去の事実から今後のレートを予想するものです。

そして、「テクニカル分析」は主にチャート（為替レートのグラフ）を使うケースが多いです。

何度も出てきているように、為替レートは、理論的には、その国の実力や将来の期待の大きさによって決まります。つまり、長い目で見ると、将来性も含めた「実力」で決まっていくのです。

そうだったよね。何度も聞いたよ

しかし、常に為替レートはその国の経済力通りになっているかというと、そういうわけではありません。短期的には、原則から外れることもよくあります。

そのため、「その国の経済がどうなりそうか」という視点の他に、「為替レートが数日先、数か月先にどうなりそうか」という見方が必要になる。それを過去の実績データを基に判断するんです。

え？　原則から外れる場合もあるの？　だとしたら原則だけ知っていても片手落ちになっちゃうね

実はそうなんです。このチャートを見てください。

これは、過去10年間、1ドルいくらだったかを表したチャート（グラフ）です。これを見ると、円は一番高い時で「1ドル135・2円」、一番安くて「1ドル87・1円」です。つまり、10年間で36％の変動があったわけです。

この10年の間、日本経済はバブル後最悪の不況に悩んだ時期もあれば、「いざなぎ超え」といわれた好景気にも恵まれました。

しかし、そうはいっても、国の経済力が数年の間に20％も30％も変化したとは思えません。経済の実態とかけ離れて相場が上下しているんです。

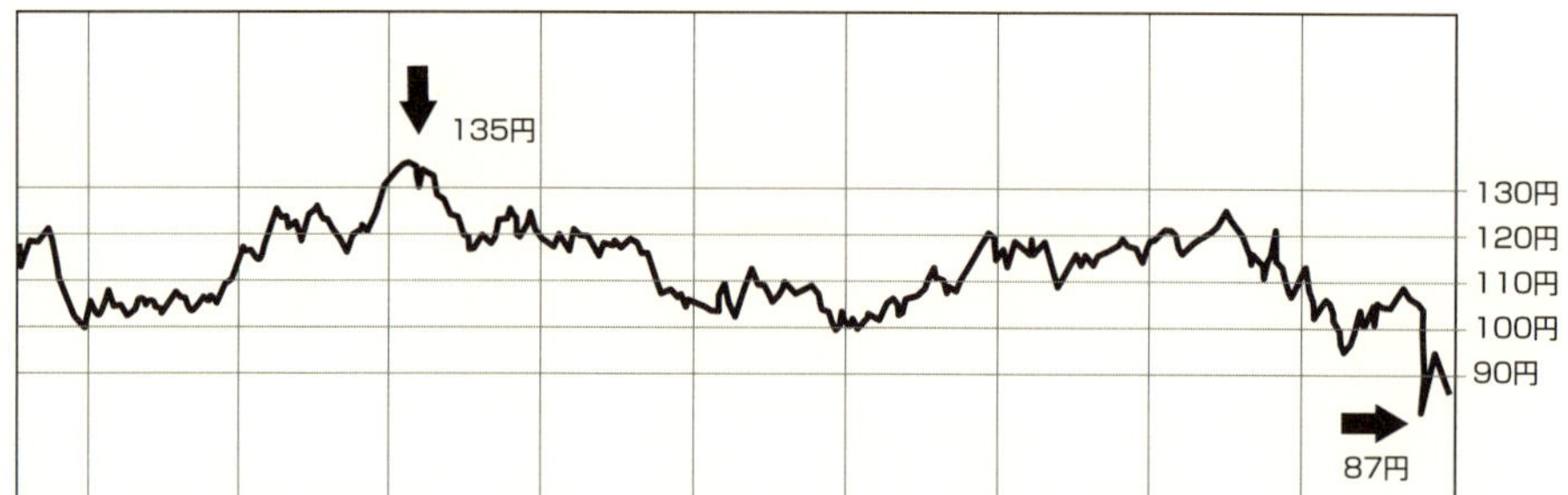
135円
130円
120円
110円
100円
90円
87円
99
00
01
02
03
04
05
06
07
08
09

なんでこんなことが起きるの？

理由はいくつかありますが、細かくなるので、ここではあえて説明しません。ただ、ひとつだけ理解しなければいけないことがあります。それは、為替レートを動かしているのは、人々の需要ということです。

その通貨に対する需要が増えれば、実際の経済がどうであろうと、為替レートは上がります。

さきほど、「為替レートは、経済が今後強くなると期待されていると上がっていく」と説明しましたが、「期待」というのは、現実ではないから「期待」なんです。

なので、これも実態以上に為替を変動させる理由のひとつです。

じゃあ、結局相場は理論通りにならないんだね。まったく予測できないわけだ……

いいえ、そうではありません。原則から外れた分は、テクニカル分析をすることで、ある程度予想が立てられるようになります。

もう一度先ほどのグラフ（チャート）を見てください。このチャートを見ると、大体1ドル100円～120円くらいにおさまっていることがわかります。一番円安が進んだ時で1ドル135円程度、円高が進んだ時で90円程度ですね。

そうすると、過去の事例から見て、よほどのことがない限り、「1ドル200円」、「1ドル70円」という状態にはならないと予想できます。

また、いくら世間が「円高だ！円高だ！」と騒いでいても、1ドル90円まで上がってきたら、そろそろ値下がりするな、と考えることができます。

これだけではありませんが、過去の「パターン」に当てはめて考えることが可能なんです。これがテクニカル分析の考え方です。

はじめてのＦＸ1年生

3時間目
ＦＸの損するポイント！

FXの損するポイント！

今までFXの儲けポイントを説明してきました。しかし、FXは必ず儲かるわけではありません。当然、損することもあるのです。儲かるポイント、儲かる理由があれば、その逆の損するポイント、損する理由もあるはずです。

今度はその「損するポイント」を説明します。FXで取引をしていて、どういうことになると損をしてしまうのでしょうか？

◯円高になると損をする！

儲けポイントで、為替差益《かわせさえき》を狙うことを説明しました。外貨を買う取引（たとえば、円を売ってドルを買う取引）をした場合、「円安」になれば利益が出ました。円安になって利益が出るということは、逆に考えると、円高になれば損をしてしまうことになります。これを「為替差損《かわせさそん》」といいます。

円が高くなると、損をするんだよね。頭ではわかるけど、何となくしっくりこないんだよな

まずみなさんが持っている「円」をドルと交換します。そうすると、みなさんはドルを持つことになります。

ただし、みなさんはいずれそのドルを円に戻したいと思っています。ドルを持っていても日本で使えないので、円に戻す必要があるわけです。「円に戻す」というのは、「円を買い戻す」ということです。

その時、円が高くなると、円を買い戻す際に、少ししか買えない。１００万円をドルに替えて持っていたとしても、円が高くなっていると、70万円しか買い戻せないという事態もあり得ます。

そうなると、もともとあった１００万円が70万円になってしまったので、30万円損をすることになる。これが円高になると損をするカラクリです。

なるほどね、でも毎回毎回こんなことを考えるのは面倒だね

慣れると、自動的に理解できるようになります。もっと直観的に把握したい方は、

グラフが下に行ったら損をすると覚えておくといいでしょう。

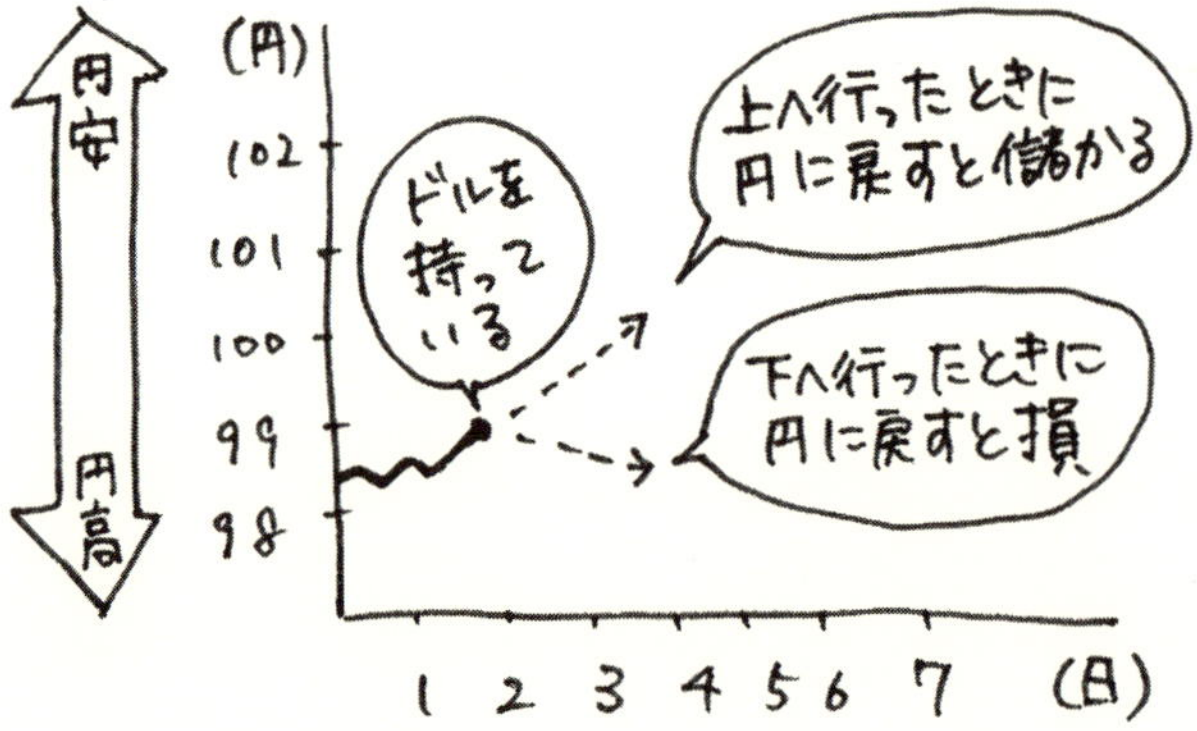

○ＦＸ業者に払う手数料分は損をする！

ＦＸをするためには、ＦＸを取り扱っている金融機関（ＦＸ業者と呼ぶことにします）に口座を開く必要があります。

口座を開き、そこに「保証金」を預ければ、あとは好きなように取引が行えます。ただし、ＦＸ業者もボランティアでやっているわけではないので、利益を稼がないといけません。それが手数料です。みなさんが取引をするたびに、手数料を徴収します。

そのＦＸ業者のシステムを使い、そのＦＸ業者のサービスをいろいろ受けているわけですから、手数料を支払うことは仕方がないことです。常識の範囲の手数料であれば、会社を経営していくために必要なことです。

ただ、そうはいっても、みなさんから見ると、手数料は安いに越したことはありません。この手数料の分は、確実に利益から減ってしまうからです。支払わなければいけない手数料ですが、自分の利益のことを考えると、額は小さければ、小さいほど望ましいです。

なお、手数料は、①円をドルに替える度に、ドルを円に替える度にかかるケースや、②1通貨○○銭など、交換する額に応じて変わるケースもあります。

今日100万円をドルに替え、来月そのドルを円に戻した場合、たとえば①のケースでは、次のように手数料がかかります。

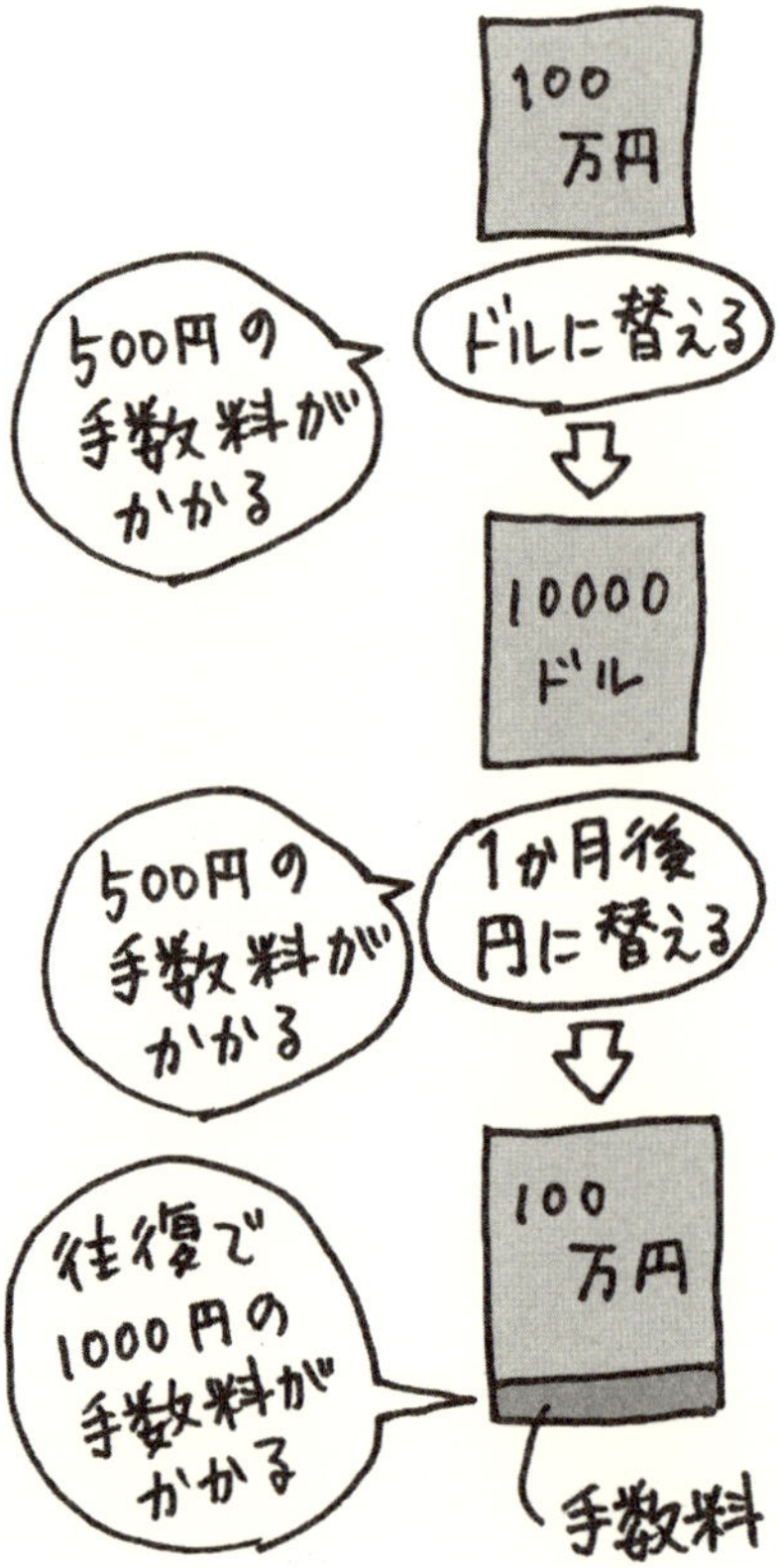
100
万円
ドルに替える
500円の
手数料が
かかる
10000
ドル
1か月後
円に替える
500円の
手数料が
かかる
100
万円
往復で
1000円の
手数料が
かかる
手数料

一方、②のケースでは、１００万円の数%が手数料としてかかる。仮に１０００万円をドルに交換しようとした場合、１００万円を交換する時と比べて、10倍の手数料を支払わなきゃいけなくなる。

こうなると、みなさんの取引スタイルによって手数料額が変わってくるので、概にどちらの業者が安いのか判断できません。まずは自分の取引スタイルを整理することが必要になります。数10万円のお小遣いで、何回も取り引きして儲けるタイプなのか、ある程度まとまったお金を元手にどーんと取引するのか、それによって「安い業者」も変わってくるのです。

後で詳しく説明しますが、まずは自分がどういう取引スタイルなのかを整理したうえで、事前に確認して、安い業者を選ぶことが必要です。

○手数料が高いとこうなる

せっかく狙い通り円安になっても、手数料が高いと、その分利益が減っちゃいます。具体例で見てみましょう。

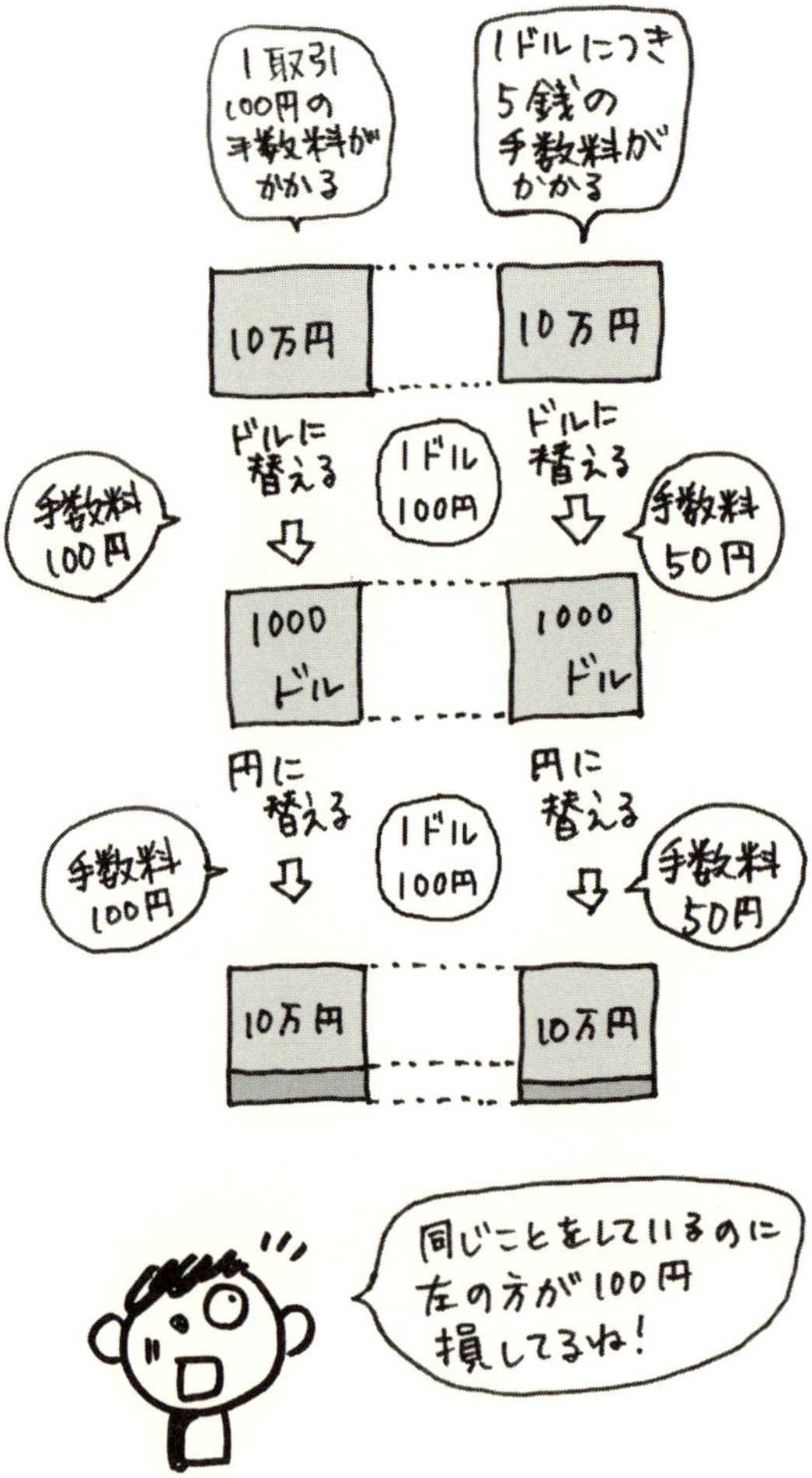

1ドルにつき 5銭の 手数料が かかる
1取引 100円の 手数料が かかる
10万円
10万円
ドルに 替える
ドルに 替える
1ドル 100円
手数料 50円
手数料 100円
1000 ドル
1000 ドル
円に 替える
円に 替える
1ドル 100円
手数料 50円
手数料 100円
10万円
10万円
同じことをしているのに 左の方が100円 損してるね!

通常、ＦＸの手数料は、１円未満です。１ドル買うのに、数十銭しかかかりません。そのため、手数料を小さい額と感じる方が多いように思います。しかし、チリも積もれば大きな額になります。わずかな額として軽視してはいけません。

○隠れた手数料　スプレッド

手数料はＦＸ業者に支払うお金です。明確に「手数料」と書いてあるので、すぐにわかりますし、理解しやすいです。でもこの他にもうひとつ、「隠れた手数料」があります。それが「スプレッド」です。

スプレッドとは、ＦＸ業者が提示している「売値」と「買値」の差のことです。

どういうことか説明しますね。

海外旅行に行ったことがある方は、イメージしやすいかもしれません。例えばハワイに行く時、日本の銀行などで円をドルに交換します。（実はこれもＦＸの一種です）

その時、よく見ると気付きますが、窓口には値段が2つ書いてあります。何かというと、「円からドルに替える時の値段（レート）」と「ドルから円に替える時の値段（レート）」が書いてあるんです。この値段の差がスプレッドです。

ちなみに、この「円からドルに替える時の値段」を「Ｂｉｔ（ビット）」、「ドルから円に替える時の値段」を「Ａｓｋ（アスク）」といいます。

レート
1ドル
＝
100円
1ドル102円で
売ります〜
1ドル98円で
買います〜
102円
1ドル98円で
買い取ります
FX off

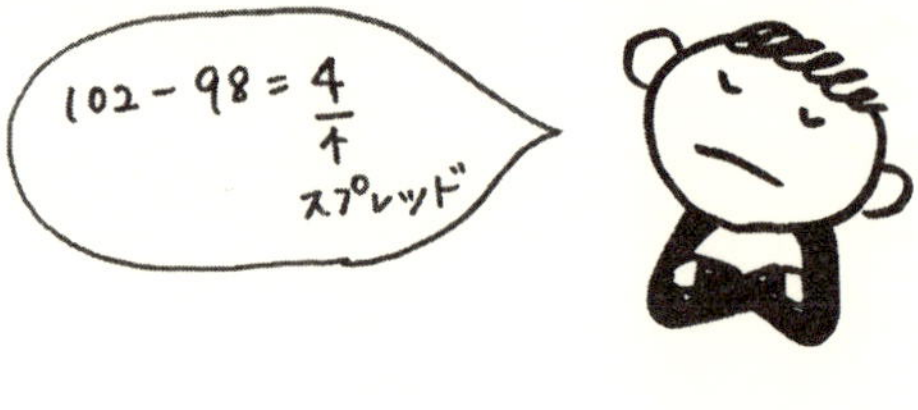
102 − 98 = 4
スプレッド

このスプレッドは自然の摂理で決まっているわけではなく、銀行が独自に決定しています。そしてこれが銀行の利益になる「隠れた手数料」なんです。

なんでこれが手数料になるの？？

ためしに、１００万円を銀行に持っていって、全額ドルに替えてもらいましょう。そしてまた全額円に戻します。この作業を繰り返すと、手持ちの円はどんどん減っていきます。

話を分かりやすくするために、現在の為替レートを「１ドル＝99円」だとします。その時、銀行で１ドルを買おうとすると、「１ドルを１００円で売ります」といわれます。１ドル１００円なので、１００万円あったら、１万ドル買えますね。

そして次に、その１万ドルで円を買い戻します。そうすると、「１ドルで98円差し上げます」といわれます。となると、円を買い戻して残ったお金は98万円。２万円減ってしまいました。

1ドル 100円です
ドルにして 下さい
ウサ銀
100万円
1万ドル
1ドル 98円です
やっぱり 円に 戻して下さい
手数料 です
98万円
減っちゃった！

減ったお金はどこに行っているかというと、銀行がもらっているんですよね。銀行の利益になっています。だからこれは銀行の「手数料」なんです。

ＦＸもこれとまったく一緒です。為替が変動しなくても、単に売買を繰り返しているだけで、どんどん手持ちのお金が減ってきます。仕組みが明記されていないので、このスプレッドについてはもしかしたら気付かずに取引している方もいらっしゃるかも知れません。

「手数料０円」をうたっているＦＸ業者がほとんどですが、そういう時はこのスプレッドに注意してください。考えてみれば、手数料を取らずに会社が運営できるはずがありません。ＦＸ業者だって、どこかで稼がなきゃいけないんです。そういう業者は、スプレッドに手数料分も上乗せている可能性が高く、結局合計の手数料としては変わらないこともあります。

○スプレッドが大きいとこうなる

このスプレッドが大きいと、どうなるでしょうか？　極端な例ですが、２円のスプレッドがある場合を想定します。みなさんがドルを買う時の、「買値」と「売値」の差が２円あるということです。

この場合、実際のレートと比較して、買う時は1円高く買い、売る時は1円安く売らなければいけないということです。

つまり、うまく想定とおりに円安になったとしても、1ドルあたり合計で2円分がＦＸ業者に取られてしまう。このような条件で取引をする場合、買ってから合計で2円以上円安にならないとそもそも利益が出ません。

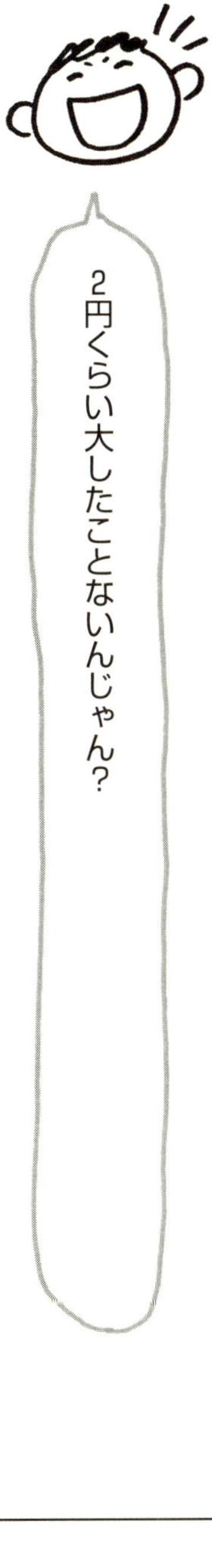
2円くらい大したことないんじゃん?

いえいえそんなことはありません。この額は非常に大きいです。1ドル100円前後だとすると、投資金額に対して2%を手数料として取られてしまうことになる。

銀行金利が0.1%という時代に、2%も手数料で取られてしまうというのは、非常に痛手です。

仮に、超極端な例で10円のスプレッドがある場合、ドルを買ってから、10円以上円安にならないと、利益が出ないことになります。

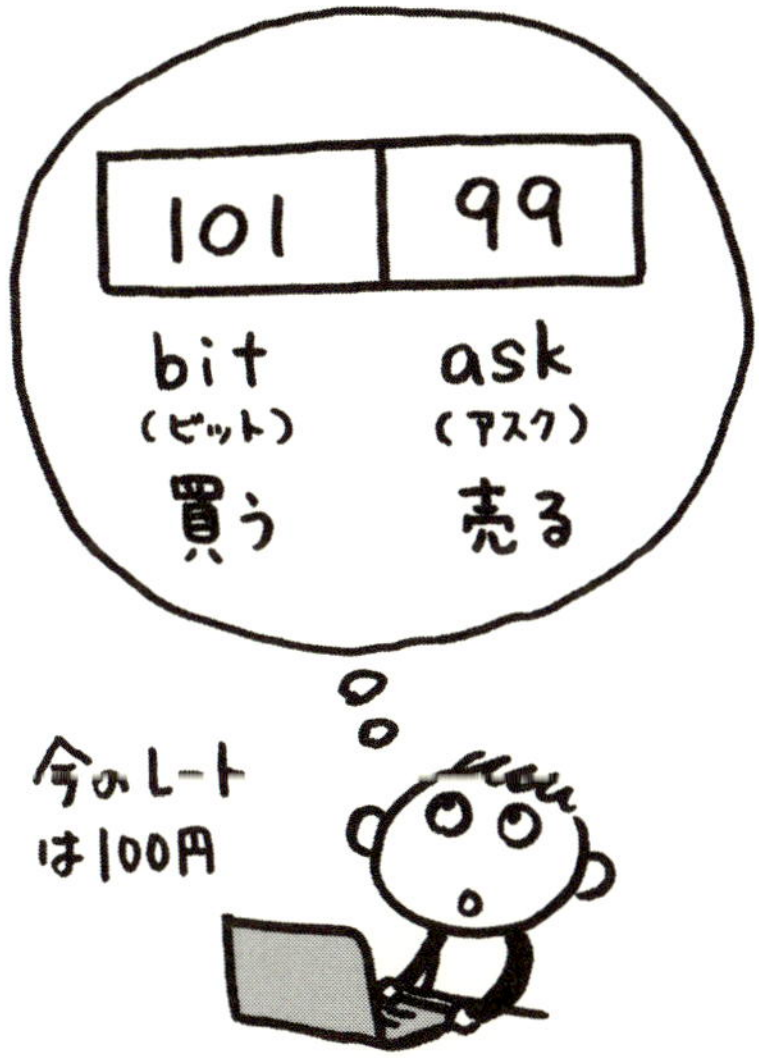
101
99
bit
(ビット)
買う
ask
(アスク)
売る
今のレート
は100円

いずれにしろ、金額に関係なく、スプレッドの分は確実に皆さんの運用利益から差し引かれていきます。繰り返しになりますが、スプレッドは、手数料と同じなので、他の条件が一緒であれば、小さければ小さいほど好ましいということになります。

◯どうやって損するポイントを避ける?

FXで損をするポイントを説明してきましたが、できれば損はしたくないものです。これらのポイントはどうやって避ければいいのでしょうか?

① 円高を避ける

持っている円をドルに交換した場合、その後円高になると、為替差損が出てしまいます。損をしてしまうわけです。

損をしないように、円高を避けたいですね。

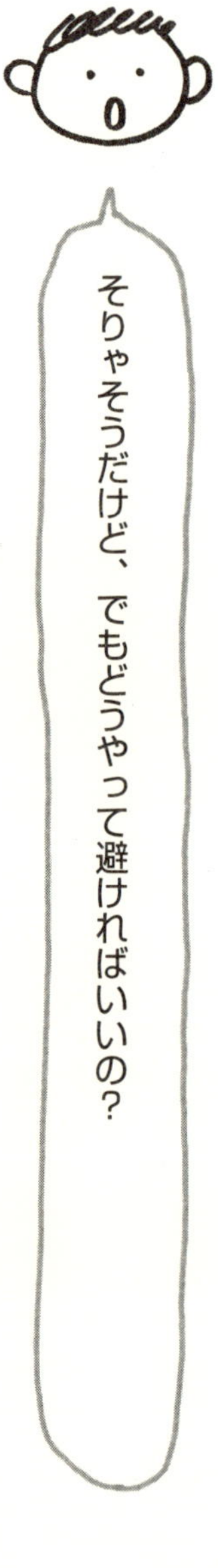
そりゃそうだけど、でもどうやって避ければいいの?

「円高を避ける」ということと、「円安を狙う」ということは、ほぼ同じ意味として考えて問題ありません。なので、やり方は一緒です。

「円高になる理由」、「円安になる理由」さえしっかりつかんでおけば、大枠の流れは理解できるはずです。

大前提は、「通貨の需要が高くなれば、その通貨の値が上がる、需要が少なくなれば、その通貨の値が下がる」ということでしたね。そして通貨の需要が増えたり減ったりする理由としては、その国の景気動向、金利変動などが関係していました。

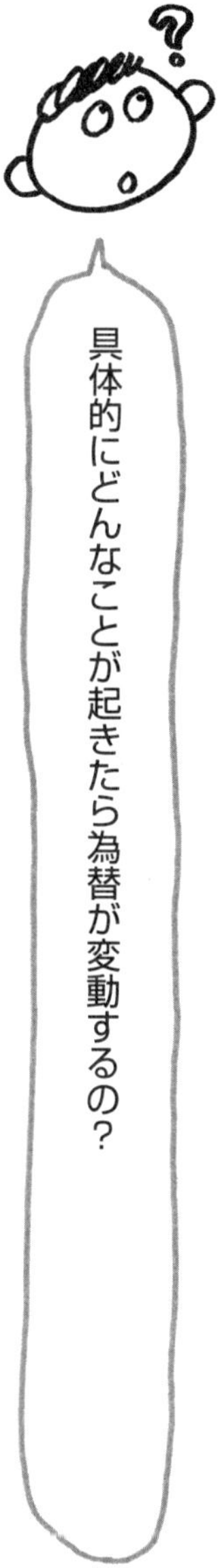
具体的にどんなことが起きたら為替が変動するの？

先ほど「為替レートを動かす要因」として、説明した項目がまさに当てはまります。円安になるということは、「円の人気が下がる」ということですから、政治問題や景気悪化など、日本経済の先行きに不安要素が出てくると、円安になります。

総理大臣がどんどん代わって政治が不安定になったり、日本の失業率が上がったりすると、円の人気が下がり、円安になるんです。

これが全てではありません。ほかにも円安になる出来事、理由はたくさんあります。ただ、さきほども書きました通り、大前提として、その国の経済が強い、これから強くなりそうと思われていれば、その国の通貨は値上がりします。反対に、経済が弱い、これから弱くなると思われれば通貨は値下がりします。

この前提と反対に値が動くこともありますが、それはあくまでも「寄り道」で、結局向かう先は大枠の流れと同じになります。

② 手数料を避ける
ここを見れば手数料がいくらかわかる

さきほど説明したように、手数料には2種類あります。ひとつは「手数料」として明示されているもの、もうひとつはスプレッドです。

どちらも、「よくあるご質問」や「お客様サポート」など、キーワードで検索できるところを探して（①）、直接「手数料」、「スプレッド」で検索（②）すれば、関連事項（③）をいっぺんに調べることができます。

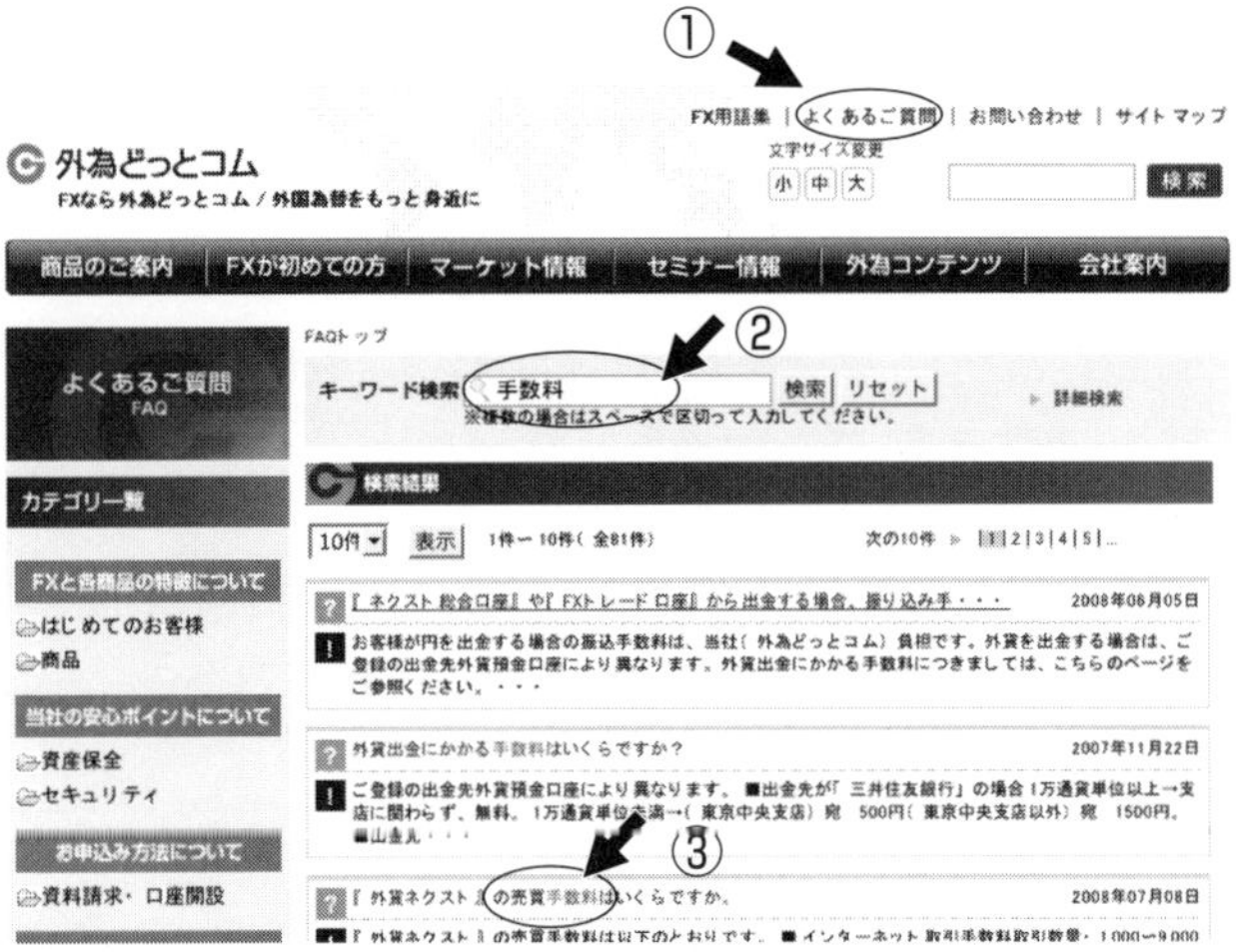

『 外貨ネクスト 』の売買手数料はいくらですか。　2008年07月08日

『 外貨ネクスト 』の売買手数料は以下のとおりです。

■ インターネット取引手数料
取引数量
・ 1,000〜9,000通貨（ 全通貨ペア共通）→ 1,000通貨あたり 片道50円（ 1通貨あたり 片道 0.05円）
・ 10,000通貨以上（ 南アフリカランド /円・ 香港ドル/円）→1,000通貨あたり 片道3円（ 1通貨あたり 片道 0.003円）
・ 10,000通貨以上（ 上記以外の通貨ペア）→1,000通貨あたり 片道30円（ 1通貨あたり 片道 0.03円）

※デイトレード の場合、決済手数料が無料になります。
※デイトレードとは、同一営業日内で成立した新規注文に対し、決済注文が成立した取引をいいます。

■ 電話取引手数料
取引数量
・ 1万〜99万通貨→1万通貨あたり 片道 1,000円（ 1通貨あたり 片道 0.10円）
・ 100万〜299万通貨→1万通貨あたり 片道 800円（ 1通貨あたり 片道 0.08円）
・ 300万〜499万通貨→1万通貨あたり 片道 600円（ 1通貨あたり 片道 0.06円）
・ 500万通貨以上→片道 500円（ 1通貨あたり 片道 0.05円）

※電話取引では1000通貨単位でのお取引はできません。
※電話取引ではデイトレード は、100,000通貨以上からの適用となります。

スプレッドってなんですか？　2009年03月24日

買いのレートと売りのレート の差（ 開き） のことです。

当社のスプレッドは通常、

米ドル/円（ USD/YEN）・・・・・・・・・2ポイント（ 2銭）
ユーロ/円（ EUR/YEN）・・・・・・・・・5ポイント（ 5銭）
ユーロ/米ドル（ EUR/USD）・・・・・・・2ポイント（ 0.0002ドル）
豪ドル/円（ AUD/YEN）・・・・・・・・・5ポイント（ 5銭）
ポンド /円（ GBP/YEN）・・・・・・・・・9ポイント（ 9銭）
ＮＺドル/円（ NZD/YEN）・・・・・・・・8ポイント（ 8銭）
カナダドル/円（ CAD/YEN）・・・・・・8ポイント（ 8銭）
スイスフラン/円（ CHF/YEN）・・・・・8ポイント（ 8銭）
香港ドル/円（ HKD/YEN）・・・・・・・・3ポイント（ 3銭）
ポンド /米ドル（ GBP/USD）・・・・・・・5ポイント（ 0.0005ドル）
米ドル/スイスフラン（ USD/CHF）・・・8ポイント（ 0.0008フラン）
南アフリカランド /円（ ZAR/YEN）・・・8ポイント（ 8銭）

となっています。

※スプレッド は上記のように設定していますが、相場によって変動する可能性がございます。

※当社のスプレッド はインターバンク（ 銀行間市場） のレートを参考にそれぞれの通貨の流動性を考慮して算出しています。従いまして、世界主要通貨である米ドルに対し、ＮＺドル、南アフリカランド 等は相対的に取引が少ないのでスプレッド が大きくなっています。

読んでも
わからないときは
電話で聞いて
みるのもいいね。

この２つは、片方が安くても、もう片方が高ければ意味がありません。２つを合計して判断しなければいけません。

この表に当てはめて計算してみましょう。単純に売買した手数料を比較したいので、話をわかりやすくするために、レバレッジは考えずに、買った外貨（ドル）を、為替変動しないうちに、すぐに売った場合どうなるか、で考えます

B社はドルを買う
元手もよけいに
必要なうえに
取引後の金額も
A社より損して
いるなあ…

	A社	B社
買うドル	10,000ドル	10,000ドル
Bit（いくらでドルが買えるか）	100.10円	100.30円
買う時の手数料	1ドルあたり2銭	100円
10,000ドル買うのに必要なお金	1,001,200円	1,003,100円
売る時の手数料	1ドルあたり2銭	100円
Ask（いくらでドルが売れるか）	99.90円	99.70円
手元に残ったお金	998,800円	996,900円

A社で取引するケースと比べて
−1900円

○ＦＸの儲けポイント、損ポイントのまとめ

円でドルを買った時のＦＸの儲けポイント、損ポイントをまとめるとこのようになります。

儲けポイント	**為替差益** **スワップポイント**
損するポイント	**為替差損** **スプレッド** **手数料**

「手数料」に関しては、自分の取引スタイルに合った業者を選ぶことで（↓4時間目で解説）、ある程度小さくすることができます。なので、主なＦＸでどれだけ利益・損が出るかは、今まで紹介してきた「スワップポイント」と「為替変動」次第ということになります。

現在の日本の低金利が続いている間は、おそらく外国の金利と比べて日本の金利の方が低いでしょう。その場合は、金利差（「外国の金利」－「日本の金利」）が

「プラス」になるので、スワップポイントは「プラス」です。スワップポイントは、1秒単位で変動するわけではないので、ある程度安定した収益になります。

スワップポイントは、外貨を持っているだけで安定的に得られる利益です。非常に魅力的ですね。この本でも、相場のアップダウンに賭けて為替差益をもらうのではなく、低リスクにスワップポイントを狙う取引をおすすめしています。

一方、為替変動は、非常に上下が激しい。仮に先月100万円含み益が出ていたとしても、今月は円高になって100万円の含み損を抱えることになってしまった、という話も日常茶飯事です。

つまり、いくらスワップポイントで儲かっていても、その利益が為替変動で一気になくなってしまうことも十分あり得ます。

なので、「スワップポイント目的」とはいっても、単に金利が高い通貨を選べばいいということではありません。

繰り返しになりますが、FXで儲かるか、損をするかは、スワップポイントと為替変動の合計で決まります。スワップポイントが高くても、為替変動が激しい通貨は、せっかく稼いだスワップポイントがすぐに吹っ飛んでしまうため、意味がありません。ちゃんと為替変動のリスクを考えておかなきゃいけないんです。

為替変動のリスクを考えろっていわれてもなぁ……具体的にどうすればいいのかわからないよ

確かに、為替変動を正確に予測することはできず、為替リスクをゼロにすることはできません。でも、できることもあります。これは知識やテクニックではなく、どちらかというと「心構え」なので、ＦＸの経験が浅くても実践できます。

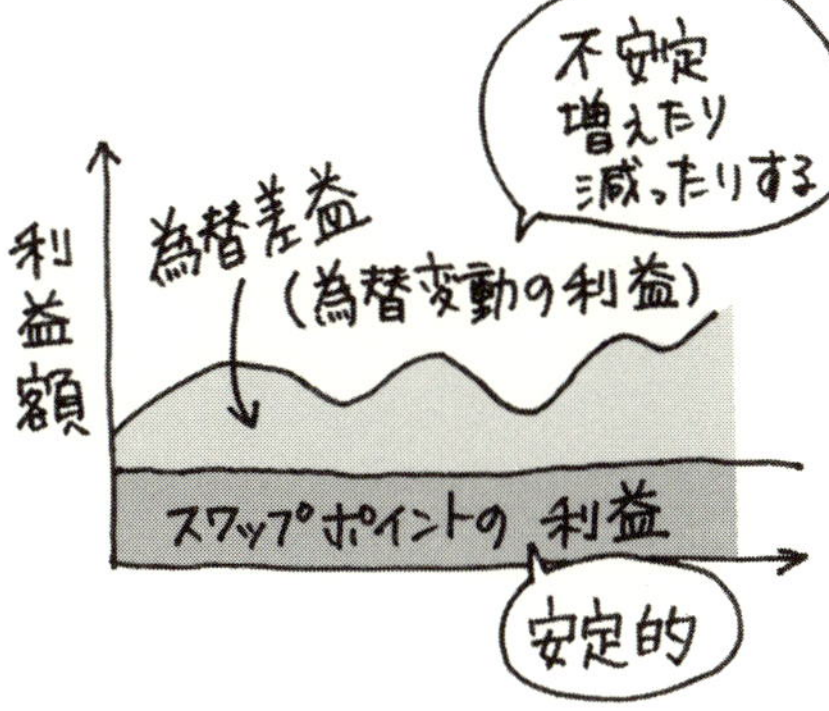
不安定
増えたり
減ったりする
為替差益
（為替変動の利益）
利益額
スワップポイントの 利益
安定的

その「心構え」は2つあります。

ひとつは、円高になりそうな時や、その通貨が値下がりしそうな時には取引をしないということです。たとえば「今ならスワップポイントが10%付く！」という売り文句だけにつられて、今後為替がどのように動きそうかを考えずに取引をしてはいけません。

もうひとつは、次に説明するレバレッジに関してです。レバレッジの倍率を高くしてはいけません。これは非常に重要ですので、次の項目で細かく説明します。

○FXの特徴「レバレッジ」とは？

FXと外貨預金は、非常に仕組みが似ています。しかし、決定的に異なる部分があります。それがこの「レバレッジ」です。

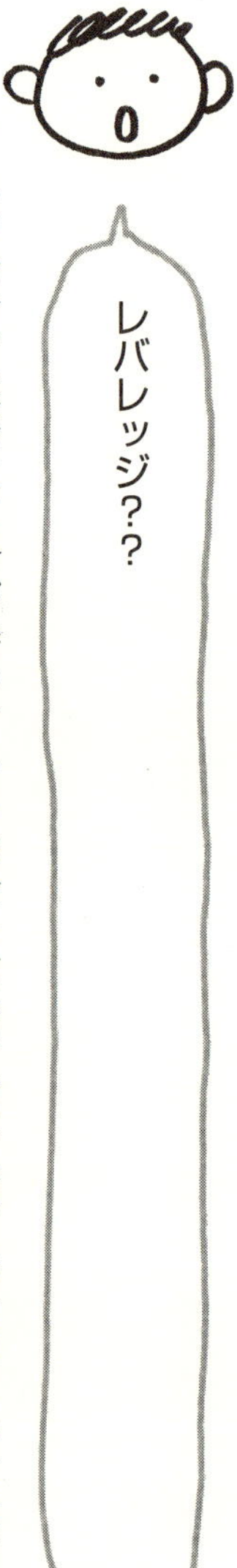

FXの場合、実際に自分が持っているお金を何倍、何十倍、場合によっては何百

倍にして、それを「元手」として運用することができます。「てこ」の原理のように、少ないお金で巨額の資金を動かせるので、このように自分の資金の何倍ものお金を動かすことを、そのまま「レバレッジをかける」といいます。

ＦＸでは、取引をする際に、ＦＸ業者に口座を開き、そこにお金を入れます。株取引の場合は、この口座のお金だけでトレーディングを行いますが、ＦＸの場合はちょっと違います。

口座に入っているお金を担保（保証金）にして、その数倍～数百倍の資金を動かせる。自分のお金を担保に、架空の資金をつくってトレーディングするようなイメージです。架空の資金をつくれば、当然自己資金よりも多くの額で取引できる。

さらに、人から借金する場合と違って、いくらレバレッジをかけても金利を払う必要がありません。無料です。無料で、元手を「水増し」できるんです。なんだか不思議ですが、これがレバレッジの仕組みです。

○レバレッジはかけた方がいい？　レバレッジのメリット

すごい仕組みだね！　これを使わない手はないよ

そうですね。レバレッジはうまく活用すると、大きなメリットがあります。これは、ＦＸならではの仕組みで、この仕組みを使えば、自分の元手を何倍にも膨らませて、投資ができるのです。10万円で投資をするケースと、１００万円で投資をするケースを比較すればすぐにわかりますが、１００万円で投資した方が、リターンが大きくなります。

たとえば、利子が元手の10％付く投資を想定してください。投資金額（元手）が10万円の時は、利子は1万円円しか付きませんが、元手が１００万円になると、10万円の利子が付くことになる。元手が大きい方が、大きく稼げるわけです。

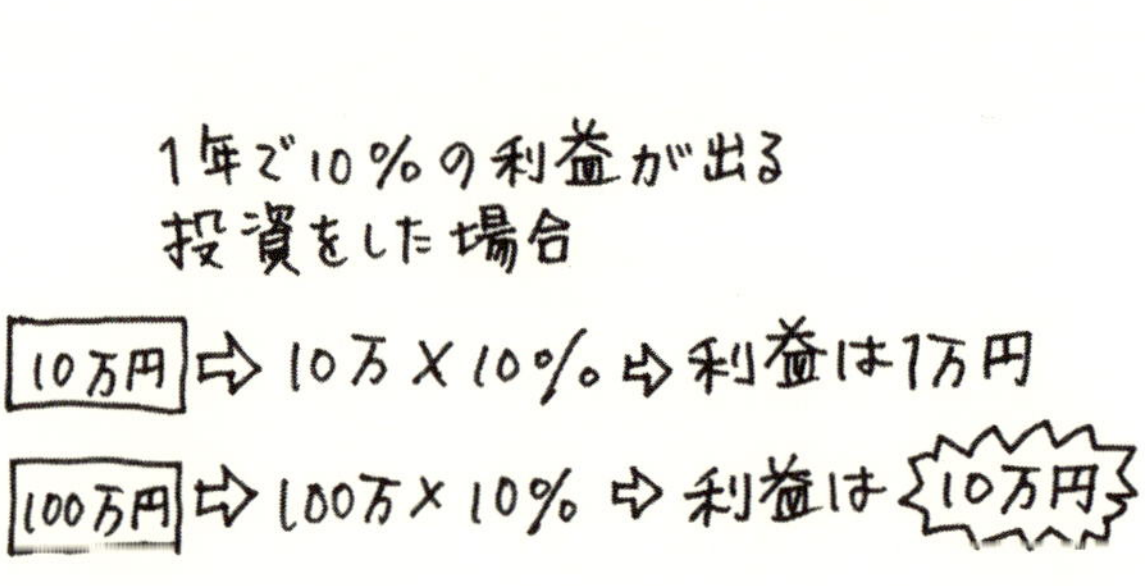
1年で10％の利益が出る
投資をした場合
10万円 ⇨ 10万×10％ ⇨ 利益は1万円
100万円 ⇨ 100万×10％ ⇨ 利益は 10万円

そしてＦＸでは、レバレッジをかけることで、元手を増やせる。しかも無料で。だとしたら、レバレッジをかけた方がいいですよね。

ＦＸの儲けポイントは「スワップポイント」と「為替差益」ですが、運用資金が大きければ、両方とも大きくなります。

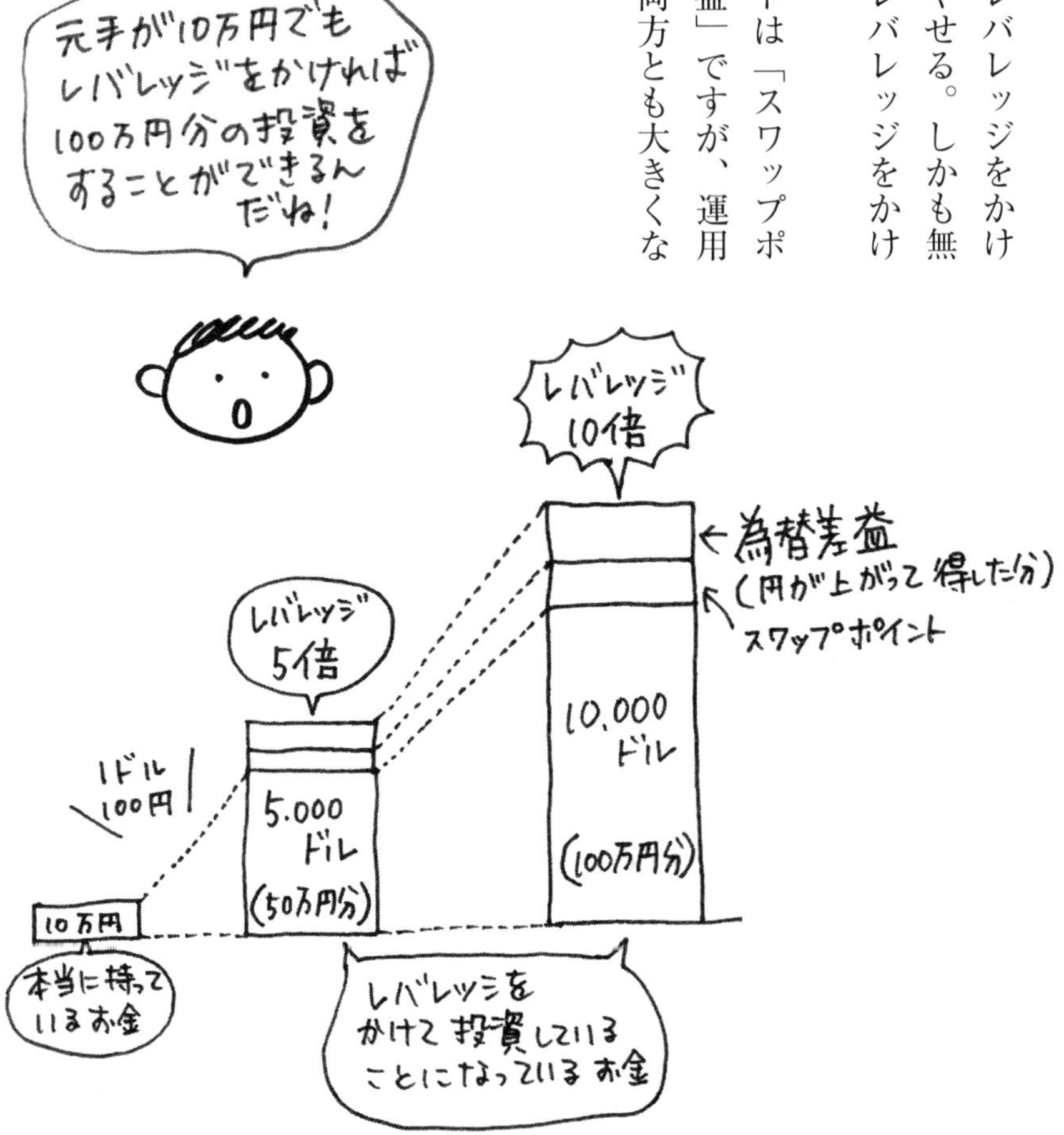
元手が10万円でも
レバレッジをかければ
100万円分の投資を
することができるんだね！
レバレッジ
10倍
為替差益
（円が上がって得した分）
スワップポイント
10,000ドル
（100万円分）
レバレッジ
5倍
5.000ドル
（50万円分）
1ドル
100円
10万円
本当に持っているお金
レバレッジを
かけて投資している
ことになっているお金

○レバレッジは慎重に！　レバレッジのデメリット１

レバレッジの醍醐味《だいごみ》、メリットを説明してきましたが、もちろんメリットだけではありません。レバレッジのデメリットを説明します。

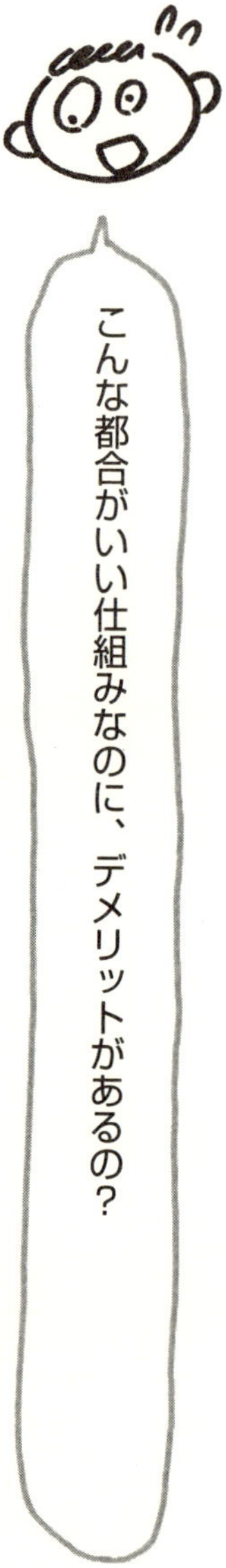
こんな都合がいい仕組みなのに、デメリットがあるの？

メリットは、状況によっては、そのままデメリットになり得ます。結論からいいますと、レバレッジのデメリットを把握せずに取引することは非常にリスクが高い。レバレッジをかけるのであれば、そのデメリット、リスクをしっかり把握しておくことが不可欠です。

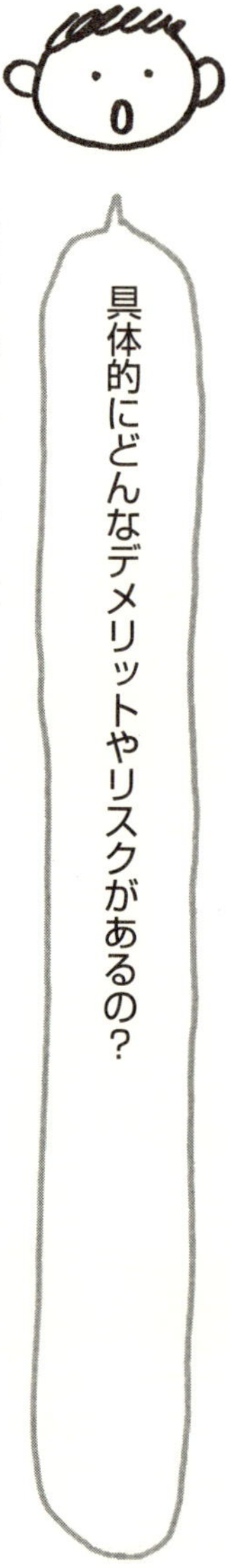
具体的にどんなデメリットやリスクがあるの？

順を追って説明します。

まず、強力なレバレッジをかけると、１万円で例えば１００万円分のドルと交換

できる。最近では最大４００倍のレバレッジがかけられるＦＸ業者もあります。（２００９年５月１日現在）

実際は取引保障金といって、ある程度のお金を入れてないと取引ができませんが、１万円で４００万円分の投資をしているってことです。

１万円を投資するより、４００万円投資した方が儲けの額は大きくなるのは、説明した通りですが、同時にリスクも４００万円分になることを忘れてはいけません。

ヨミが当たった時の利益も大きくなりますが、ヨミが外れた時の損も大きくなるのです。これがレバレッジの怖いところです。

また、先ほど、レバレッジを架空のお金でトレーディングしているようなもの、と説明しましたが、まさにこれがデメリットになります。

自分のお金で損をしても、その分減るだけですが、レバレッジをかけて、架空のお金を使って賭

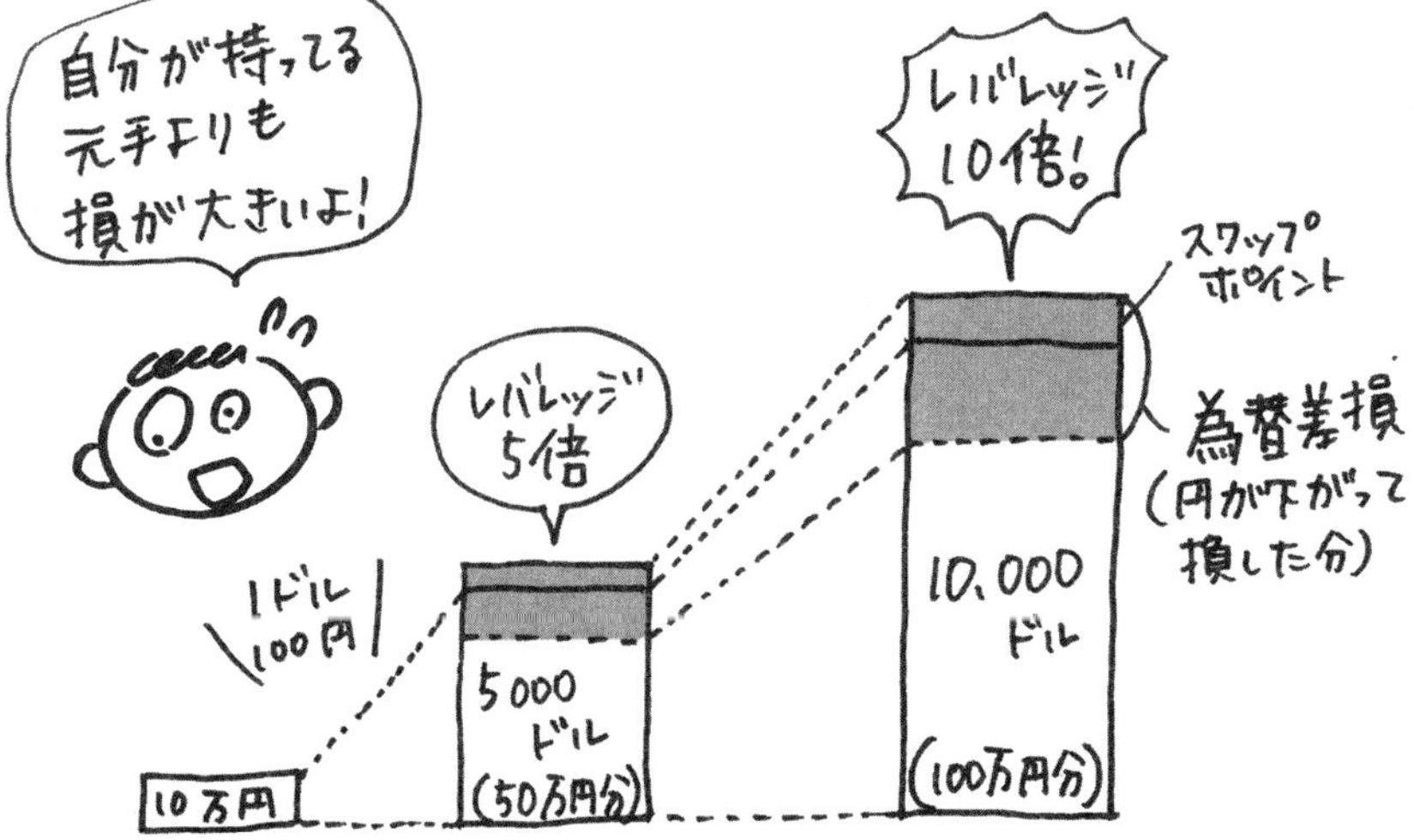
自分が持ってる
元手よりも
損が大きいよ！
レバレッジ
10倍！
スワップ
ポイント
為替差損
（円が下がって
損した分）
10,000
ドル
（100万円分）
レバレッジ
5倍
1ドル
100円
5000
ドル
（50万円分）
10万円

けをしている時は、損が出た分、「架空の資金」についても埋め合わせをしなければいけません。

今の話を、具体的な例で再度説明します。

仮に元手１万円、10倍のレバレッジをかけて、１ドル１００円でドルを買うとします。この場合、レバレッジを10倍にしているので、１万円×10倍で10万円分のドルを持つことになります。１ドル１００円だから、１０００ドルですね。

ここで、円高が起きた時に、持っている１０００ドルの価値がどのようになるか計算してみます。

たとえば、円が１％高くなって、１ドル99円になったとします。そうすると、持っている１０００ドルは、円に換算すると、９９０００円。１０００円の損が発生しました。

ここで重要なのは、単に１０００円損したということではありません。注意しなければいけないのは、１％円高になっただけで、元手の10％を失ったことです。

レバレッジを10倍にしているので、利益は10倍になりますが、同時に損も10倍になってしまうのです。これがレバレッジの怖いところです。

○レバレッジは慎重に！　レバレッジのデメリット２

今説明したように、レバレッジをかけると、利益も損もその倍率だけ大きくなる。

ハイリスク・ハイリターンになるってことだよね。それはしょうがないんじゃない？

「ハイリターン」を求めれば、常に「ハイリスク」が付きまといます。それはある意味自然なことですので、だからレバレッジが悪いということにはなりません。

でも、それだけではないんです。

レバレッジをかけると、もうひとつ別のデメリットがあります。損の金額が大きくなるだけではなく、「儲かるタイミングを待てなくなる」という事態になります。

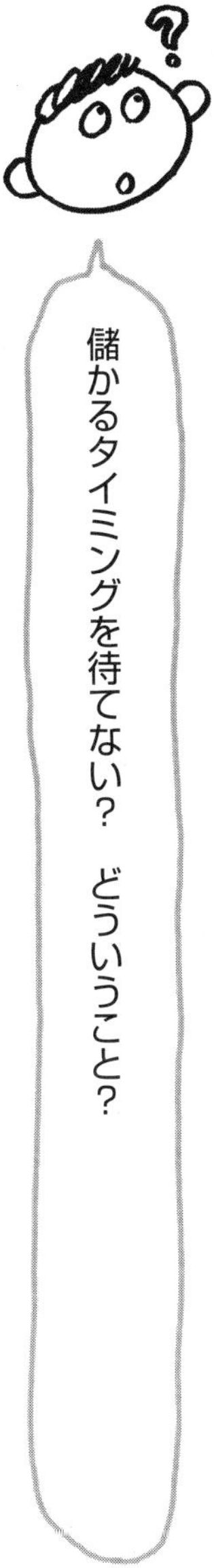
儲かるタイミングを待てない？　どういうこと？

本来は、円安になると思ってドルを買い、予想に反して円高になったとしても、そのドルを売らなければ、損失は確定しません。つまり、一時的に見かけ上、損は出ていますが、再び円安になるのを待って売れば、結局損は発生しないのです。

株式投資でも、よく「含み損」と表現されますが、それと同じです。買った株が仮に値下がりしても、実際に売るまでは「損」ではなく「損を含んでいる状態」です。そして、再び値が上がってきた時に売れば、含んでいた損はなくなるわけです。

そうだね、一時的に値が下がっても、すぐにまた値が上がるかもしれないもんね

そうなんです。しかし、ＦＸで高い倍率のレバレッジをかけていると、話が変わってきます。

レバレッジをかけている時は、架空の資金を設定してトレーディングしています。そのため、仮に投資に失敗して、損失が出た場合、その失った架空の資金も埋め合わせしなければいけません。

ただ、実際にその人が損失を埋め合わせるだけの資金を持っているかどうかは、わかりません。もしかしたら、もう全然お金を持っていないかもしれません。

自己資金だけでトレーディングしているのであれば、自分の元手がなくなるだけなので、問題ありません。しかし、ＦＸでレバレッジをかけて、「架空の資金」を運用している場合、その人の全財産以上に負けてしまう可能性もあるのです。

そうなると損失を埋め合わせることができなくなり、大変なことになります。最悪のケースでは、自己破産に追い込まれるケースもあるのです。

なので、ＦＸ業者はその人の自己資金がなくなりそう、と判断した段階で、強制的に取引を終了させてしまいます。これを「ロスカット」といいます。

詳細は後で説明しますが、「ロスカット」は、ＦＸをやっている個人の資産を守るためにも必要なルールです。しかし、その時に強制的に取引を終了させてしまうため、やがて相場が円安になるタイミングを待つことができません。これが「儲かるタイミングを待てない」ということです。

仮に４００倍のレバレッジをかけていると、自己資金（本当に持っているお金）が運用額の１／４００（０・２５％）しかないため、相場が０・２５％円高になった瞬間に自己資金分がなくなります。ここで取引は終了です。この直後にどれだけ円安になっても、もう意味がないのです。

これを、レバレッジを5倍におさえている場合、レバレッジをかけていない場合（レバレッジ1倍）と比較してみましょう。

仮に相場がこのチャートのように動いた場合、

レバレッジを400倍にしている人は、2日、1ドル99・82円の時

レバレッジを10倍にしている人は、5日、1ドル93円の時

にロスカットされます。

ここで注目すべきことは、レバレッジを低くおさえている方が勝つチャンスが大きいということです。相場は上がったり下がったりしているので、誤解を恐れずにいうと、長期間待つことができれば、利益が上がる可能性も増えてきます。

そういう意味で、レバレッジを低くしていると、勝った時の利益額は小さいですが、勝つチャンスがは増える。繰り返しになりますが、「今は円高でも、やが

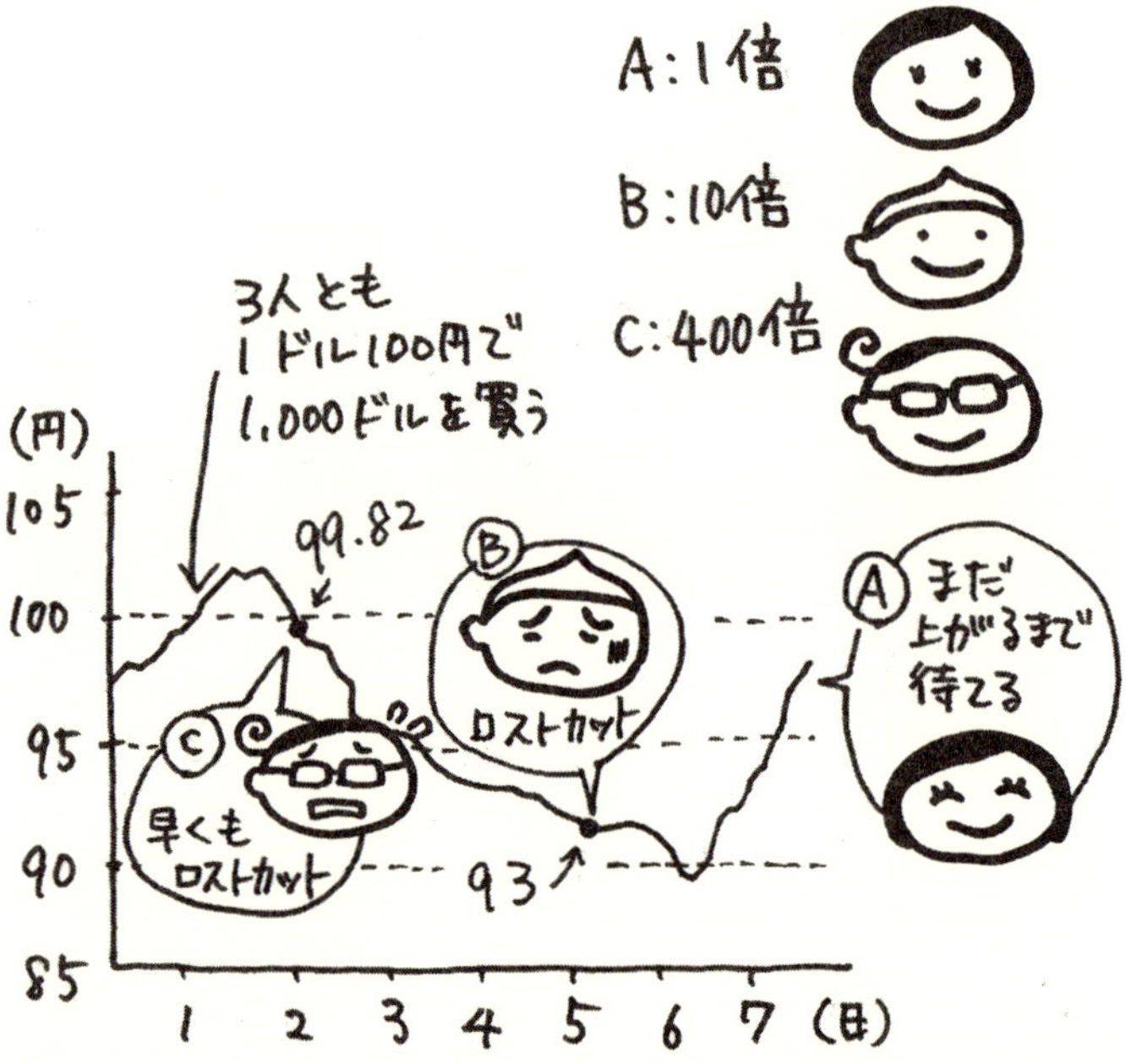

A:1倍
B:10倍
C:400倍
3人とも
1ドル100円で
1,000ドルを買う
(円)
105
100
95
90
85
99.82
93
B
ロストカット
C
早くも
ロストカット
A
まだ
上がるまで
待てる
1
2
3
4
5
6
7
(日)

て円安になったタイミング」で売ることができるわけです。

しかし逆に、レバレッジが高いと、極端な話、「絶対円高になってはいけない」ということになります。円安になれば利益が出ますが、その前に円高になってしまったら、その段階でゲームオーバーなんです。

ちなみに、「取引を開始してから絶対円高にならない確率」は非常に小さいです。うまく円安になるタイミングをつかむのも難しいのに、レバレッジを高くしてしまうと、さらに「円高になる前に円安にならなければならない」となり、制約条件が追加されます。儲かる確率を下げてしまうのです。

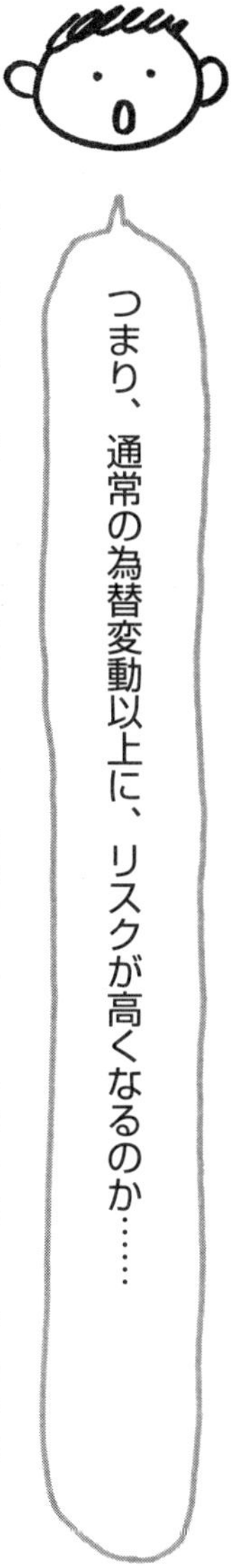
つまり、通常の為替変動以上に、リスクが高くなるのか……

その通りです。レバレッジにはこういう側面もあります。レバレッジの倍率とリスクの大きさに関して、ご自身で計算できるように5時間目で説明してあります。その計算をすれば、個別の具体的な取引で、どれくらいリスクがありそうなのか、イメージしていただけると思います。しかしまずは「レバレッジの倍率が高いとリスクも高くなる」という大枠だけ把握してください。

はじめての
FX
1年生

4時間目

どの
FX業社がベスト？

はじめての
FX1年生
4 時間目

どのＦＸ業社がベスト？

ＦＸのルールを説明したところで、実際にどうやって取引を開始するのか、シミュレーション的に順を追って解説します。

○ＦＸ口座を開設する

では、さっそく口座を開設しましょう。

前に説明したように、ＦＸのトレーディングをするためには、ＦＸ業者（最近は、証券会社でＦＸの窓口があるところも）に口座を開いてもらわなければいけません。手続きは非常に簡単で、銀行口座を開くのと同じような手続きで開設できます。

まず口座開設の資料をインターネットや電話で取り寄せます。資料が届いたら、必要事項を記入し、郵便で返送します。

インターネットで「ＦＸ」と検索すれば、いくつも業者が出てきますので、まずは試してみてください。

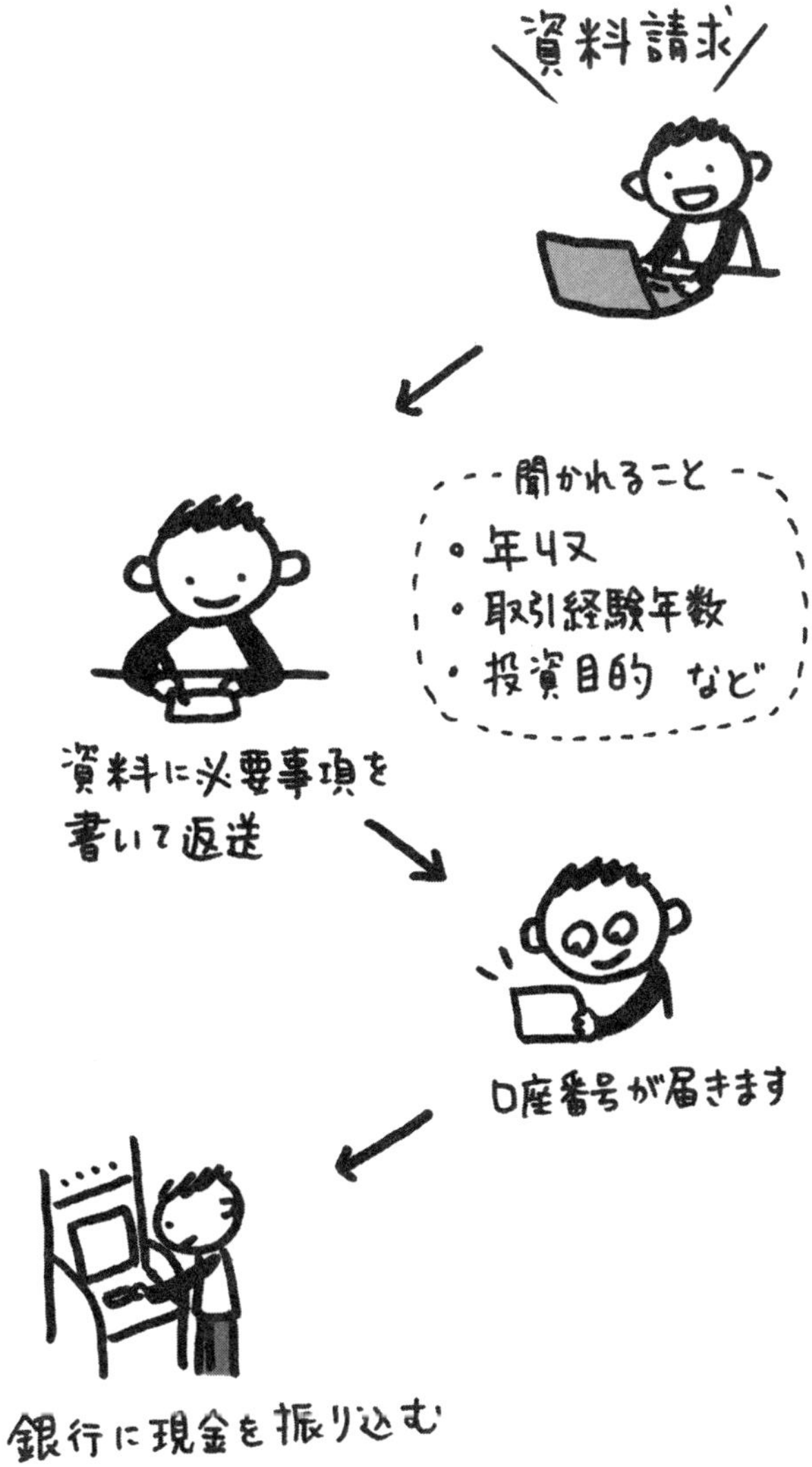
資料請求
聞かれること
・年収
・取引経験年数
・投資目的 など
資料に必要事項を
書いて返送
口座番号が届きます
銀行に現金を振り込む

○ＦＸ業者の選び方

口座開設では難しいことは何もありません。ただひとつ迷うのは、どこの会社で口座を開設すべきかという点です。

取引するのは自分だから、業者は関係ないよ。どこでもいいんじゃない？

実はそうともいえないんです。

今は法律の整備が進んだため、かなり減ってきたと思いますが、それでも中には「悪徳業者」が存在します。仕組みをちゃんと説明せず、損をするリスクがないような営業トークをしたり、預かったお金を返さなかったり、手数料やスプレッドが不明確だったりなど、様々な手口を使ってきます。

また、悪徳業者を排除したとしても、それぞれの業者によって手数料やサービスに違いがあります。全く同じ取引をしていても、最終的な利益額や受けられるメリットは会社によって違います。

ただ、ホームページを見ても、各社ごとにいろいろな「メリット」を打ち出していて、結局どこが自分に向いているのか、明確な優劣が付けづらいと思います。

そんな時に、どこを見れば自分に合った、信頼できる業者を見極められるか、説明します。

○悪徳業者かどうかを確認する方法

ＦＸの業界は、少し前までは、強引な勧誘や詐欺があふれかえり、お金をだまし取られたという事件も多数発生していました。
そのため２００５年に「金融先物取引法」が施行され、ＦＸ業者も規制されるようになりました。その結果、悪徳業者は以前より少なくなったといわれていますが、まだまだ「グレーな部分」で営業をしている業者もあるようなので、注意が必要です。

具体的に注意すべきポイントは、

1 ＦＸの仕組みやリスクを十分説明せず、「必ず儲かる」という広告・営業をしている

ＦＸは投資です。必ず儲かる投資はありませんし、もしあったとしたら、他人に

営業する前に、自分たちでやっているはずです。

2 突然勧誘の電話・訪問をしてくる

２００５年以降の新しいルール上では、顧客の許可がない直接訪問や電話での営業を禁止しています。禁止されていることをやっている会社がまっとうな会社であるはずがありません。

3 金融先物取引業者の登録をしていない

現在のルールでは、全ての業者に「金融先物取引業者」としての登録を義務付けています。これはホームページ上で確認できますので、登録をしていない業者は避けましょう。

4 顧客からの預かり資産を別管理していない

ＦＸで顧客から預かった保証金は、担保としてＦＸ業者が管理しておくべきもので、これはＦＸ業者が受け取る報酬ではありません。なので、このお金は、ちゃんと会社の運営費と分けて管理されていないとダメです。ちゃんと分けて管理をしている業者は、ホームページ上や資料でそれを明記しているはずです。

5 通貨の売値と買値が明記されている

ＦＸ取引にかかるコストは、「手数料」とは別に「スプレッド」があることは説明しましたね。このスプレッド分は、業者に払う手数料と同じで、確実にみなさんの運用利益からマイナスされるものです。

ですので、そのスプレッドがいくらなのか、事前に知らないといけませんね。でも、業者によってはそれを明記していないところもあるようです。たとえば、価格を１つしか書いてない場合、買値と売値の「差」がわかりませんので、その取引によっていくらスプレッドがあるか判断できないんです。

こういう業者は、取引終了後に法外なスプレッドを要求されるおそれもありますので、避けた方が賢明です。

6 システムが安定している

最後に、「悪徳業者」を見分けるのとは少し別の視点ですが、みなさんが使う取引システムが安定していることは非常に重要なポイントです。

ＦＸでは１秒ごとに値段が変わっていきます。そのため、意図した値段でちゃんと注文を受け付けてくれないと、大幅な損失を被《こうむ》る可能性もあります。

その点で、システムの安定性は非常に重要です。電話での注文であれば関係ありませんが、ネット取引の場合は、取引のシステムが弱くて、サーバーがダウンしてしまうようなことが万が一起こったら、その間取引ができなくなってしまいます。

たまにインターネットのサービスで、「ただいま込み合っています」と表示されるページがありますが、あれはアクセスが増えたためにサーバーが耐えられなくなったために起こります。

一般のホームページやブログで起きても、さほど大きな影響はありません。しかし、ＦＸの管理画面で同じことが起きたら大問題です。取引をしたい時に、「今混んでいるからちょっと待って」と表示されていたら、思い通りの値段で買えないばかりか、持っている外貨を売ることもできません。相場が急落してどんどん損をしている時も、システムが回復するのを黙ってじっと待っているしかないのです。こんな状態は嫌ですよね。だから取引システムの安定性は大事なんです。

とはいっても、ＦＸ業者のパンフレットやホームページを見ただけでは、その会社の取引システムが安定しているかどうかなんてわかりません。

じゃあどうすればいいのか？

結論からいうと、残念ながら、各社のシステムの強さを正確に測ることはできません。ただ、インターネットでその会社の評判・口コミを検索すれば、何か情報が得られます。過去に何度もトラブルが起きていれば、ネットで批判記事が書かれているはずです。

ＦＸ業者も１００社以上ありますので、全部調べるのは大変です。最初のうちは「昔からある会社」や「業界大手の会社」、「大手企業の関連会社」という見方で探す方がわかりやすいと思います。

注意すべきポイント　チェック

□ＦＸの仕組みやリスクを説明しているか？「絶対儲かる」などといっていないか？
□突然の電話・訪問営業をしていないか？
□金融先物取引業者としての登録がされているか？
□顧客から預かった保証金を、会社の資産と別にして管理しているか？
□買値と売値が明記してある
□取引システムが安定している

○自分に合っている業者かどうかを確認する方法

では次に、どの業者が自分に合っているのか、それを確認する方法を説明します。業者によって、手数料に差があったり、様々なオリジナルサービスがあったりしますので、それらを見比べた上で、どこが自分に合っているかを確認するんです。

各社が打ち出している代表的なサービス・メリットを整理しましたので、参考にしてみてください。

(1) とにかく手数料を安くしたい

FXの取引でかかる手数料は、文字通り「手数料」と書かれているものと、もうひとつ「スプレッド」がありました。

①手数料はここを確認!

手数料やスプレッドに関しては、残念ながらそれほど大々的に記載されていないケースがあります。よく探さないと見つけられないケースもありますが、非常に重要な項目ですので、がんばって探しましょう。もし、相当時間をかけても見つけられないようなサイトであれば、その業者は避けた方がいいと思います。

「よくある質問」や「Q&A」などの項目に書かれている場合もありますので、チェックしてみてください。

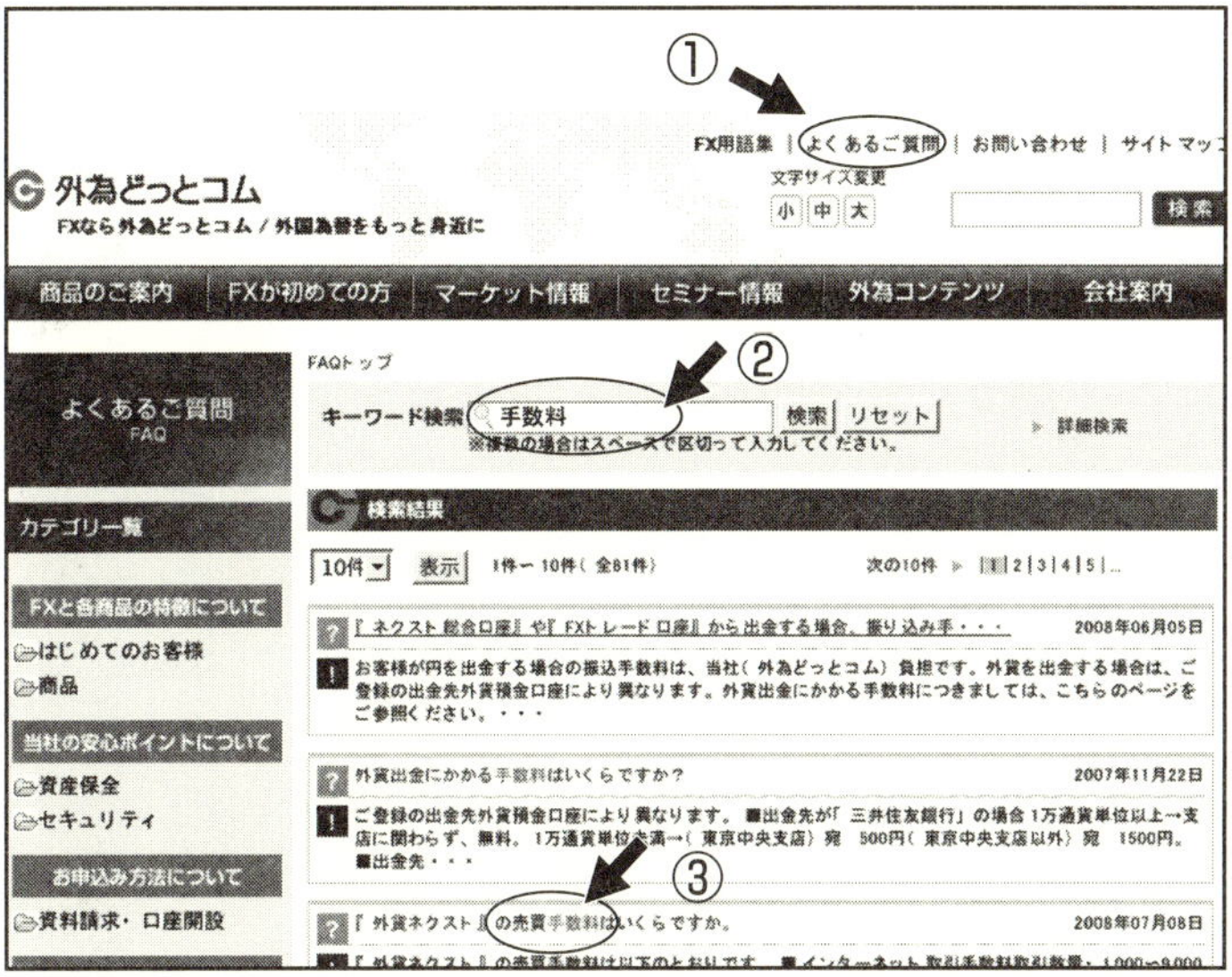

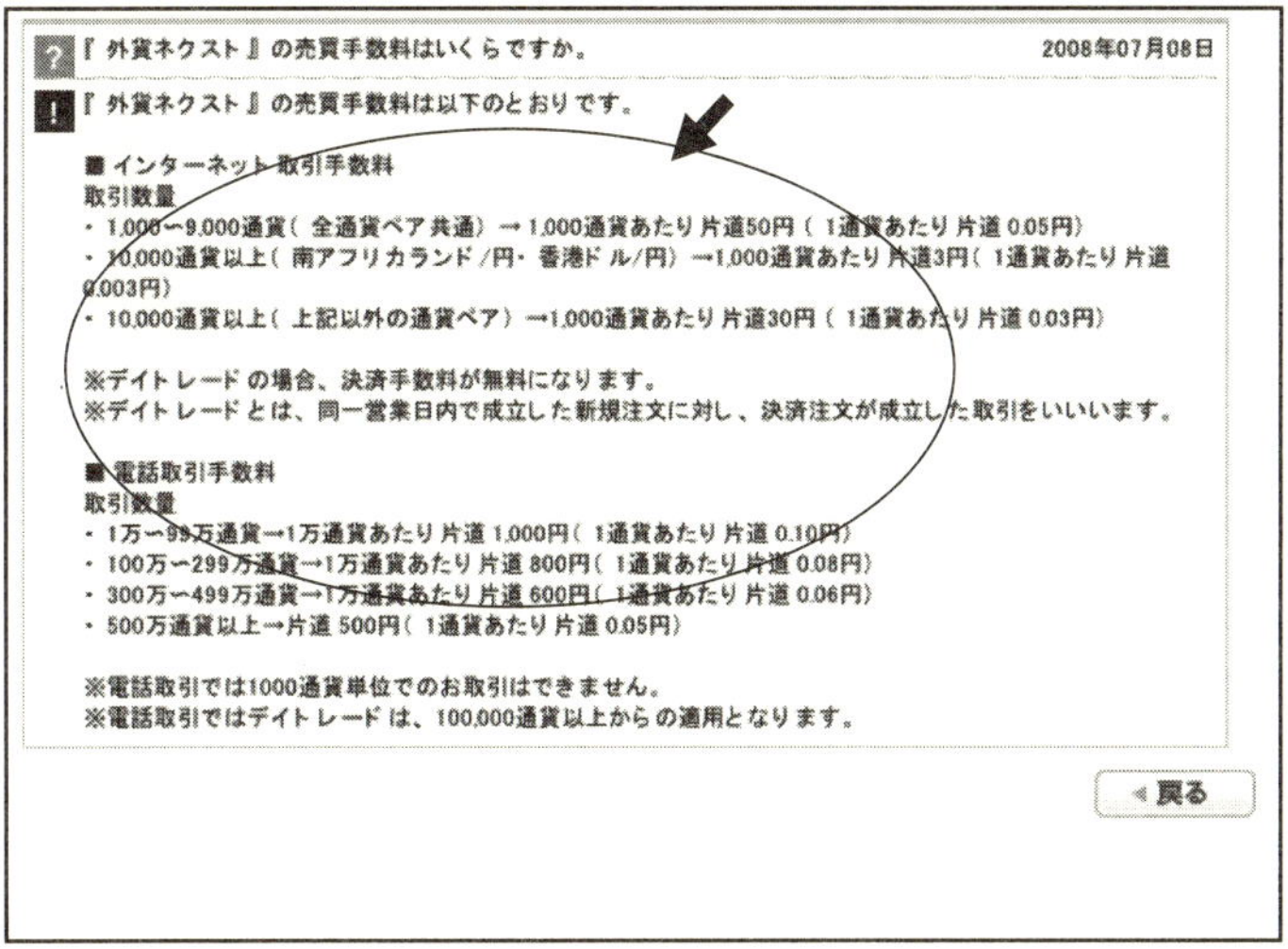

ただし、表記方法が業界で統一されておらず、会社によって記載の仕方が違います。ある会社では、取引の回数に応じて手数料がかかりますが、別の会社では、いくら取引するかによって手数料が変動したりします。

そのため取引をしたら、手数料はいくらかかるのかを自分で計算しなければなりません。多少面倒ですが、利益を少しでも大きくするためですのでがんばりましょう。

② スプレッドはここを確認！

スプレッドは、「隠れた手数料」でした。この分は利益から減ってしまいます。だから手数料と同じように、できるだけ安い業者を選びたいところです。安いというのは、「買値」と「売値」の差が小さいということで、2つの数字の差が小さければ小さいほど「安い」ということになります。

スプレッドに関しては、このように表記してある業者が多いです。

前にも説明した画面ですが、スプレッドの表記は、レイアウトが会社によって多少異なります。意味はどの会社も共通

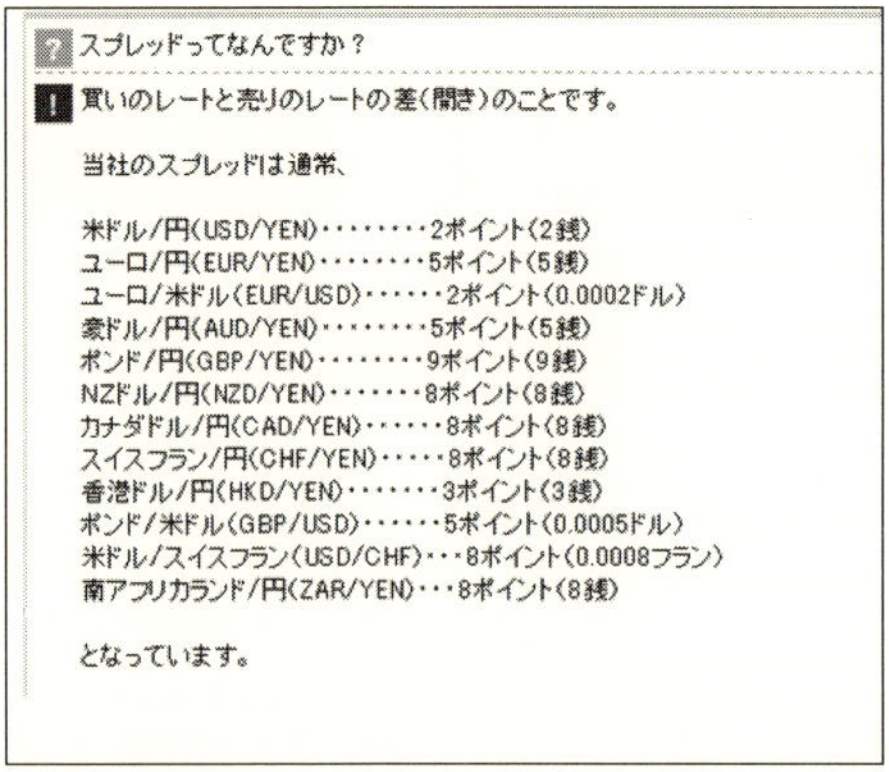
? スプレッドってなんですか？

! 買いのレートと売りのレートの差（開き）のことです。

当社のスプレッドは通常、

米ドル/円(USD/YEN)・・・・・・・・2ポイント(2銭)
ユーロ/円(EUR/YEN)・・・・・・・・5ポイント(5銭)
ユーロ/米ドル(EUR/USD)・・・・・・2ポイント(0.0002ドル)
豪ドル/円(AUD/YEN)・・・・・・・・5ポイント(5銭)
ポンド/円(GBP/YEN)・・・・・・・・9ポイント(9銭)
NZドル/円(NZD/YEN)・・・・・・・8ポイント(8銭)
カナダドル/円(CAD/YEN)・・・・・・8ポイント(8銭)
スイスフラン/円(CHF/YEN)・・・・・8ポイント(8銭)
香港ドル/円(HKD/YEN)・・・・・・・3ポイント(3銭)
ポンド/米ドル(GBP/USD)・・・・・・5ポイント(0.0005ドル)
米ドル/スイスフラン(USD/CHF)・・・8ポイント(0.0008フラン)
南アフリカランド/円(ZAR/YEN)・・・8ポイント(8銭)

となっています。

で「〈買値〉と〈売値〉の差」です。書いてある場所さえ見つければ、比較はしやすいと思います。

（2）オリジナルサービスがある業者を探す

顧客サービスの一環として、各社ともオリジナル機能・サービスを充実させています。内容は様々ですが、大きく分けて、

・うちだったら、（取引以外でかかる）手数料・コストが不要ですよ！
（口座への入金、口座からの出金が手数料無料など）
・うちだったら、取引がこんなに便利ですよ！
（24時間電話サポート、モバイルサービスなど）
・うちだったら、こんなこともできちゃいます！
（スワップポイントがたまったら、その分だけ円に振り替えることができるなど）

があります。

もちろん、オリジナルの無料サービスは、ないよりあった方がいいです。取引を開始する前は往々にして、いろんな機能を求めがちで、機能が多い方が好ましく思

えます。ただ、取引の本質はあくまでも利益を上げることです。利益を上げることに直接関係がないサービスは、あまり使わないかもしれませんので、とりあえず「これがあったら取引で儲けやすいな」と思えるものだけ注目するようにしましょう。

（3）電話で質問できるコールセンターは頼もしい味方

ＦＸと直接関係ないように思えますが、何でも質問できる「コールセンター」は非常に頼もしい味方になります。パソコンのトラブルを体験したことがある方は、あのイライラを思い出してください。原因もよくわからず、どうしていいのか見当がつかず、プロバイダやメーカーに問い合わせたくても、問い合わせのメールアドレスしか載っていない。非常にストレスがたまります。

普通のパソコントラブルでも、強いストレスを感じますから、これがＦＸ取引だったらなおさらです。取引したいのに、うまくいかない、誰に聞いていいかわからない、そうしている間にどんどん損をしていく……。こんな状況は耐えられません。ですので、特にＦＸ初心者の方、パソコンに詳しくない方は、「コールセンター」の有無を業者選びのポイントにしてもいいかもしれません。

さらに、日中は仕事をしていて、ＦＸの取引は夜が中心になりそうな方は、24時

間対応のコールセンターである必要があります。

（4）レバレッジの倍数は無視しよう

ほとんどのＦＸ業者のホームページで、「レバレッジは最大○○倍！」と、高レバレッジをかけられることをアピールしています。しかし、そもそも高レバレッジで取引することはかなりリスクが高いため、初心者は絶対に避けるべきです。

高レバレッジは、ＦＸ上級者向けです。初心者向けではありませんので、高レバレッジのうたい文句は無視しましょう。

（5）デイトレーダー向けの特典も無視しよう

最初はＦＸ取引への大きなな期待や稼ぎたい欲もあって、できるだけ頻繁に取引したいと考えるかも知れません。デイトレードをしている自分をイメージしている方も少なくないと思います。

しかし実際は、デイトレードは中・上級者、プロが行うもので、初心者には早すぎます。よほど暇な時間帯があって、仮に全部失っても生活に支障がないお金をお持ちの方であれば、頻繁に取引してもいいかと思います。

でも、会社勤めをしていたり、毎日必ず取引時間を確保することができない方は、最初はいきごんでいても、いずれ取引回数が落ち着いてくるかと思います。そのため、デイトレーダー向けの特典があったとしても、結果的にその恩恵はあまり受けられないのです。

デイトレーダー向けの特典は、あってもいいですが、それを決め手として、業者を決定してしまうと、本当に自分にとって有利な条件を見落としてしまう可能性があります。

誰でも悪徳業者に引っ掛かりたくはないです。なので、いい業者、悪い業者の見分けさえつけば、そのあと自分で選ぶのは難しいことではありません。

しかし一方、「この業者が自分に合っているかどうか」は、一概にいえず、明確な基準がありません。そのため、各社の強み・弱み・メリット・デメリットが正確にわかったとしても、それが自分に合っているかどうか、自分のケースに当てはめて考えなきゃいけないんです。

そのためには、まず自分が何を期待しているのか明らかにしなければなりません。とにかく手数料が安い業者がいいのか、スプレッドがせまいところがいいのか、サポートが安心なところがいいのか。それを考えた上で、好みに合った業者を選択するのがいいと思います。

最初は、いろんな機能が魅力的に感じると思います。でも、付随機能がたくさんあっても、最初のうちは十分に活用できません。細かいサービスまで使いこなすのは難しいので、ＦＸの取引に慣れるまでは、安心できる会社で手数料が安いところを選ぶのがいいと思います。

（6）自分の貯金の範囲で取引できる

今まで説明してきたように、ＦＸ業者によってオリジナルのサービスがあったり、手数料やスプレッドが異なったりします。それと同じように、各業者によって「最低取引単位」が異なります。口座に１００円だけ振り込んで、「１ドル買いたい」といっても相手にしてくれる業者はありません。「最低いくら以上（何ドル以上）の取引じゃないと受け付けません！」というのが業者ごとに決まっているのです。

ＦＸ業者からすると、細かい注文を出されても手数料をたくさん取ることができず、儲かりません。なのでＦＸ業者が「最低取引単位」を設定するのはビジネスとして当然のことです。しかし、みなさんからすると、取引単位が大きくなればなるほど、取引に必要なお金が増えてしまいます。余剰資金がたくさんあるお金持ちであれば問題ありませんが、自分のお小遣いの範囲で取引をしようとすると、最低取引単位は少ないに越したことはありません。

何気に、これは非常に重要なことです。たとえば、外為どっとコム（外貨ネクスト）では、最小取引単位は１０００通貨です。１０００ドルごとの注文だったら受け付けてくれます。しかし別の会社では最低1万単位でしか取引できません。１万ドルごとの売買しかできないわけです。そうすると、必然的に投資の規模が大きくなります。投資の規模が大きくなるということは、大きなリターンも期待できますが、同時に大きなリスクを抱えることになります。身の丈に合った取引でないと、損失が出た時に大変なことになりかねません。

どの業者でも、取引単位を大きくしたい時には、自由に大きくすることができますので、まずは小さく取引ができる業者を選ぶことをオススメします。

5時間目 トレーディングのやり方

トレーディングのやり方

今まで、ＦＸのルールや、儲かる仕組み、損をする仕組みを説明してきました。大枠の戦略を解説してきたわけです。ＦＸでは、どこに注意をして、何を目標に取引していけばいいか、わかっていただけたかと思います。

ただし、考え方や概念だけ身につけても実戦で儲けることはできません。実戦で勝つためには、大枠の考え方に基づいて、具体的にどう動けばいいか、がわからないとダメなんです。

なので次は、ＦＸで儲けるための具体的な行動、戦術を紹介していきます。ここで説明するのは、主な「買い方」、「売り方」の話です。

◯取引画面にアクセス！

ＦＸの口座が開設できたら、さっそくアクセスしてみましょう。

いろいろな機能がありますが、まず基本を押さえましょう。どうやって取引をするか、どうやって現在の自分の運用成績を確認するかです。

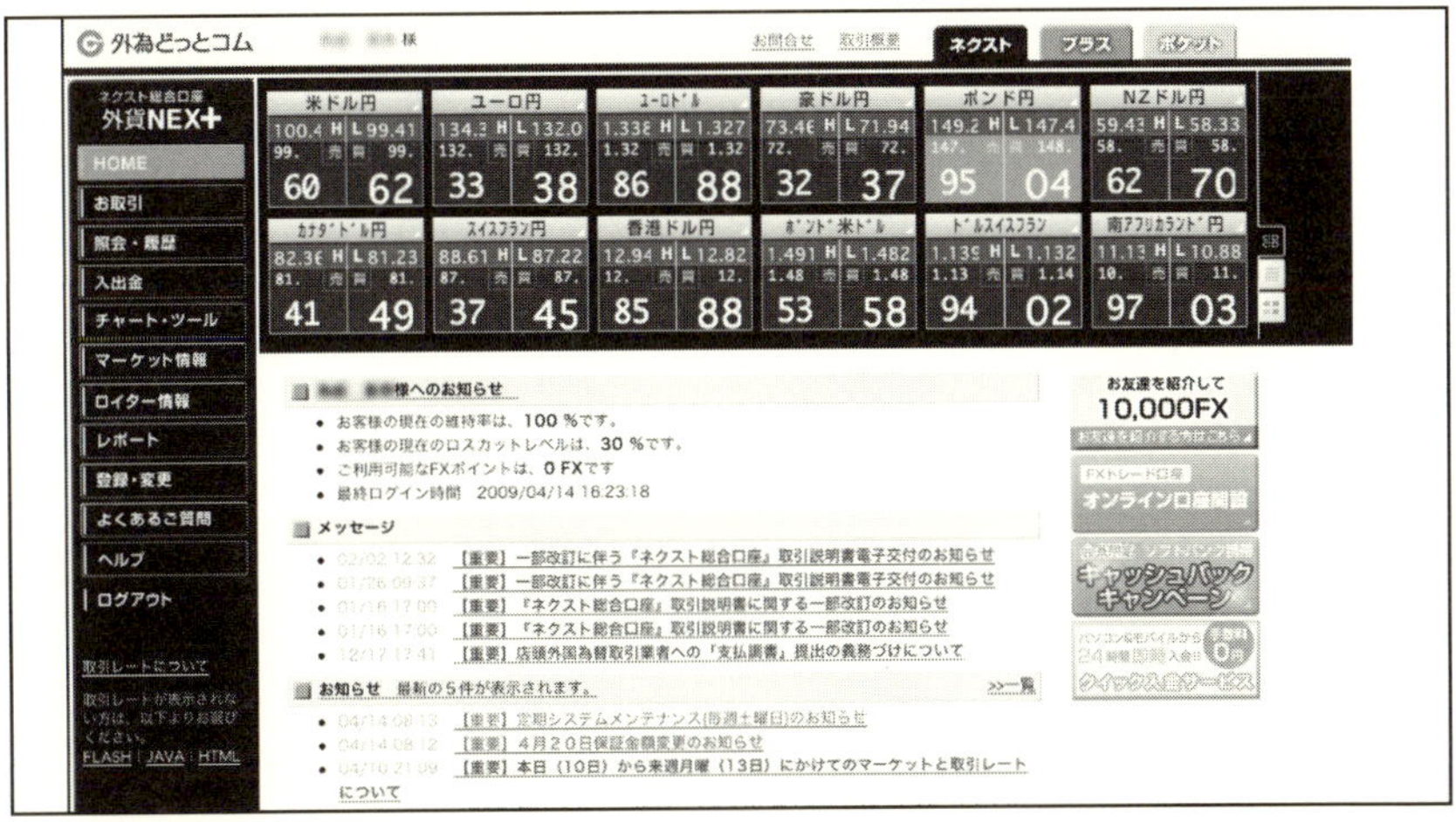

売買する対象（銘柄）が株と違って限られているので、管理画面もわかりやすいです。買いたい通貨の値段を見ながら、「買い（ａｓｋ）」「売り（ｂｉｔ）」をクリックすればＯＫです。

ここで各通貨の略表記を説明しておきます。ＦＸの取引画面では、日本語ではなくこの略表記で書かれていることがあります。自分が興味がある通貨は最初に覚えてしまうと楽です。

・ＵＳＤ：アメリカドル
・ＥＵＲ：ユーロ
・ＡＵＤ：オーストラリアドル
・ＧＢＰ：ポンド
・ＮＺＤ：ニュージーランドドル
・ＣＡＤ：カナダドル
・ＣＨＦ：スイスフラン
・ＨＫＤ：香港ドル
・ＳＧＤ：シンガポールドル

など

○買ってみよう！

では、実際にドルを買ってみましょう。

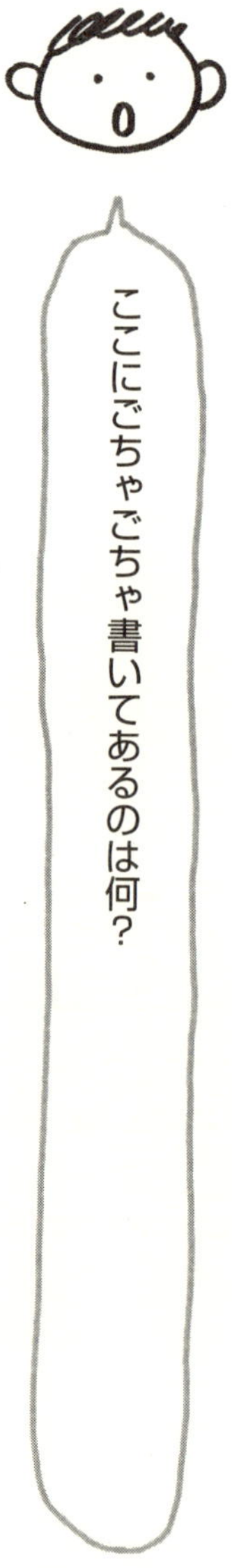

これは、その通貨の買値と売値です。そして、それと並んでその日の「最安買値」と「最高売値」が上に表示されています。誰しも買うんだったら安く買いたい、売るんだったら高く売りたいと考えているので、現在の買値とセットで「今日は最安でいくらで買えました」、現在の売値とセットで「今日は最高でいくらで売れました」が書いてあるんです。

ちなみに、この画面ですと、今この瞬間にドルを買ったら1ドル99・62円、この瞬間にドルを売ったら1ドル99・60円ですね。

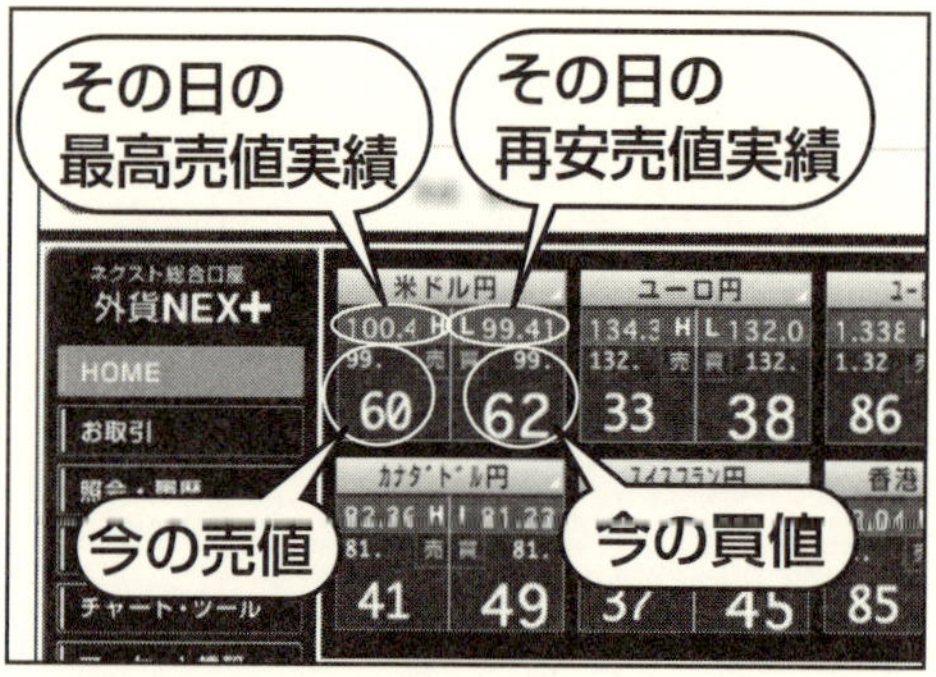

　ちなみに、ＦＸで取引する通貨を選ぶ時に「通貨ペアを選ぶ」という表現をすることがあります。冒頭で軽く説明しましたが、ＦＸでは世界各国の通貨どうしを取引することができます。また、本書では説明しませんが、必ずしも「円」を使う必要はなく「ドルでユーロを買う」「ポンドでオーストラリアドルを買う」という取引も可能です。なので、どの通貨でどの通貨を買うか、都度決める必要があり、これを通貨の組み合わせという意味で、「通貨ペア」と呼びます。

　では、実際に買ってみましょう。ログイン直後の画面左上に「お取引」というボタンがあり、そこをクリックすると、注文条件を指定する画面が開きます。その画面で、どの通貨を買うか、レバレッジの倍率、どのように買うか（成り行き、

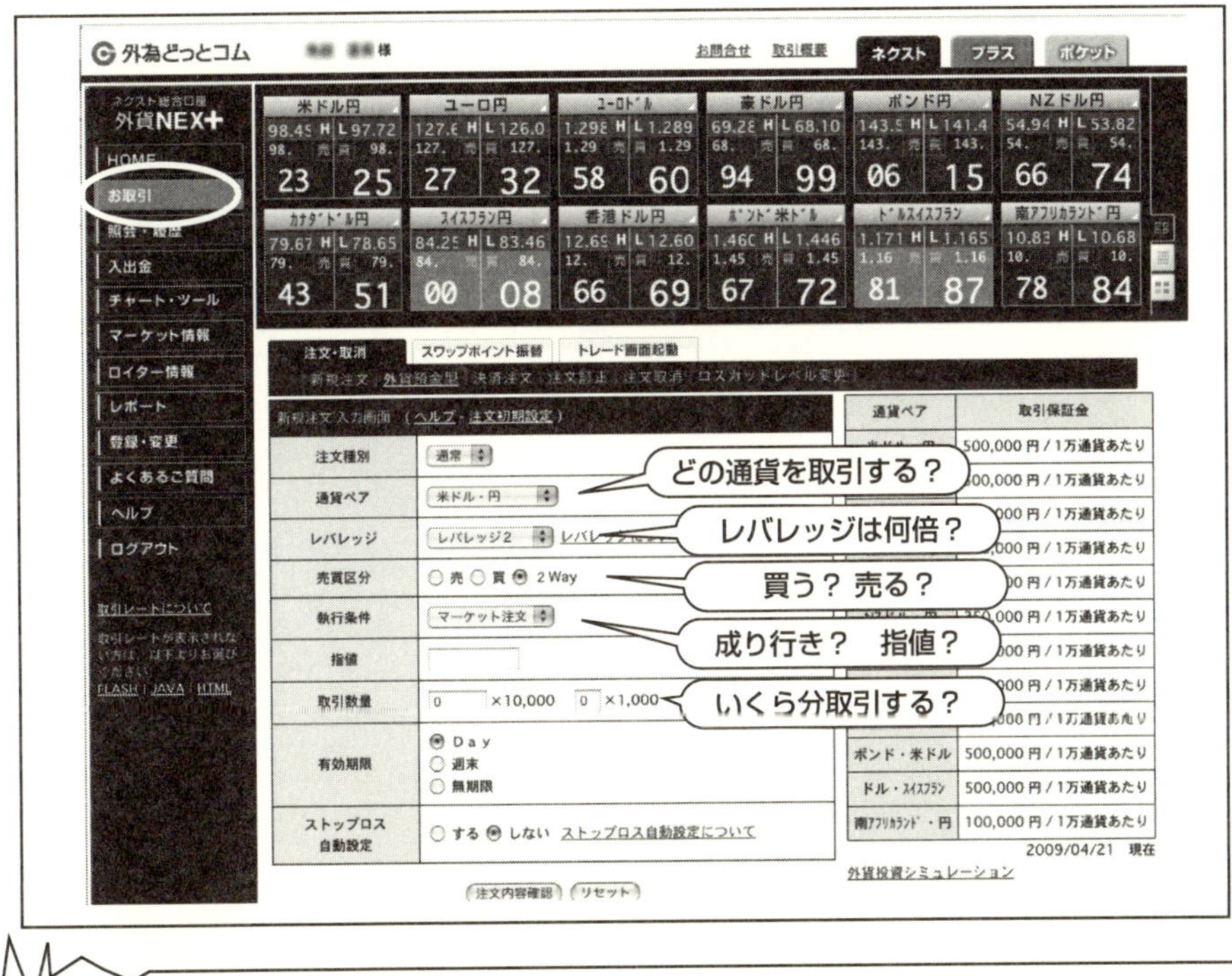

指値など→詳細はＰ１２８）、買う数量（何ドル買うか）などを指定します。

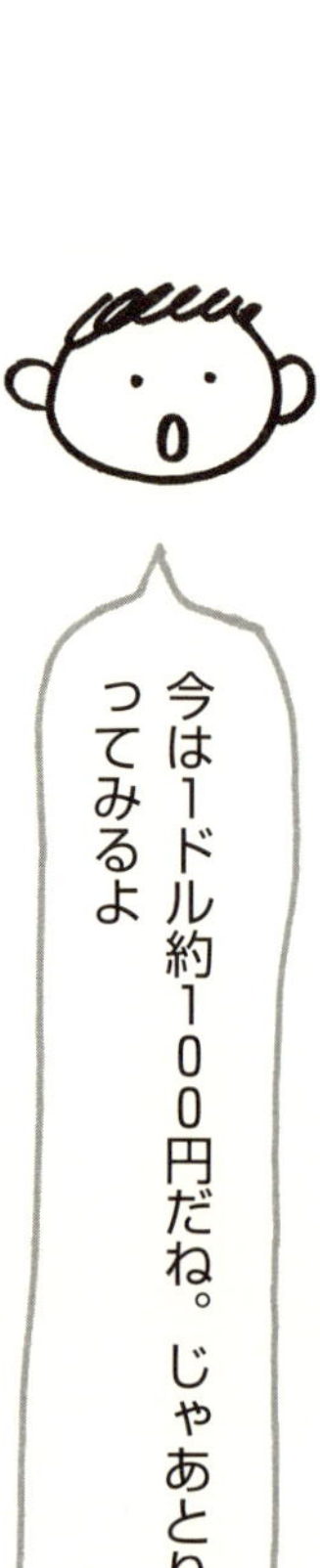
今は1ドル約100円だね。じゃあとりあえず、1000円で10ドルだけ買ってみるよ

すみません、それはできません。各業者とも最低取引金額が決まっています。業者によって違いはありますが、外為どっとコム（外貨ネクスト）の場合は１０００通貨（今の例では１０００ドル）で、これが取引単位になるので、１０００ドル、２０００ドル、３０００ドル……というように１０００単位で売買をします。

通常、みなさんがＦＸの取引を行う場合、①外貨を買う、②その外貨を売って円に戻す、という2つの取引をしてはじめて完結します。外貨を買っただけでは、何も儲かりませんからね。そして、①の外貨を買うことを「買いのポジションを持つ」といいます。ここはあくまでも途中段階なので、「ポジション」という言葉になるんですね。そして、①で買った外貨を売って取引を完結させることを「取引を手仕《てじ》舞《ま》う」といいます。

この「ポジション」と「手仕舞う」という言葉はよく出てくるので、覚えておきましょう。

○買ったドルはどこで確認できるの？

ドルを買ったら、この画面に反映されます。

買った外貨は、ここにリスト表示されます。

右側の「最新情報に更新」をクリックすれば、その時のレートに合わせて「評価損益」が更新され、いつ何ドル買ったかと、現在いくら儲かっているか、いくら損しているかが一覧でわかります。

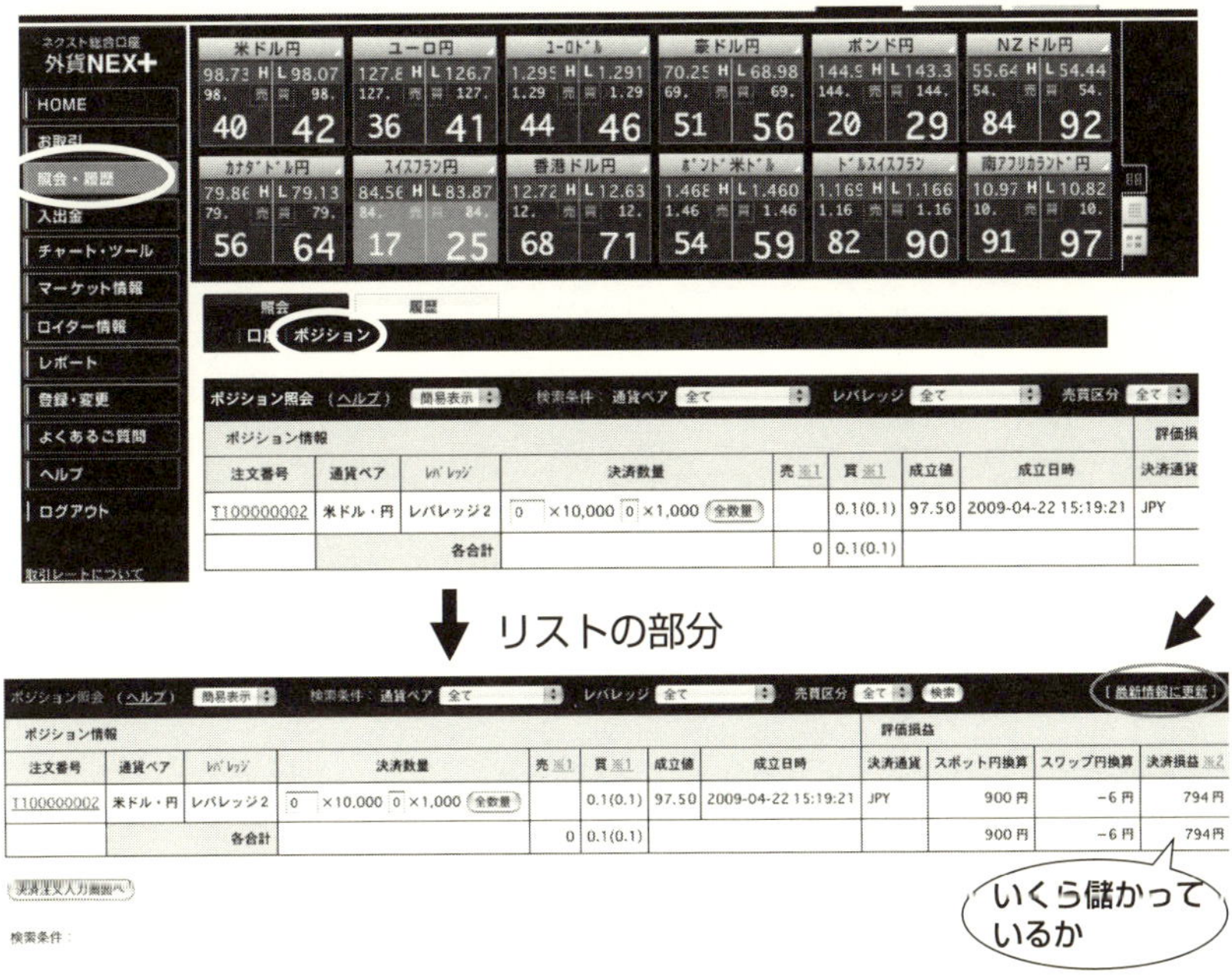

○買ったドルを売りたい！

さきほど説明したように、通常ＦＸでは、買った外貨を、再度円に戻して利益を得るために行います。なので、外貨を買うだけでなく、それを売って初めて取引が完結するんです。

　買った外貨を売って、取引を終了させる（手仕舞う）には、ここをクリックします。

　売る時にも、買う時と同じように、いろいろ指定して注文を出します。成り行きで売るのか、指値で売るのか、持っているドルを全部売るのか一部売るのか、などです。

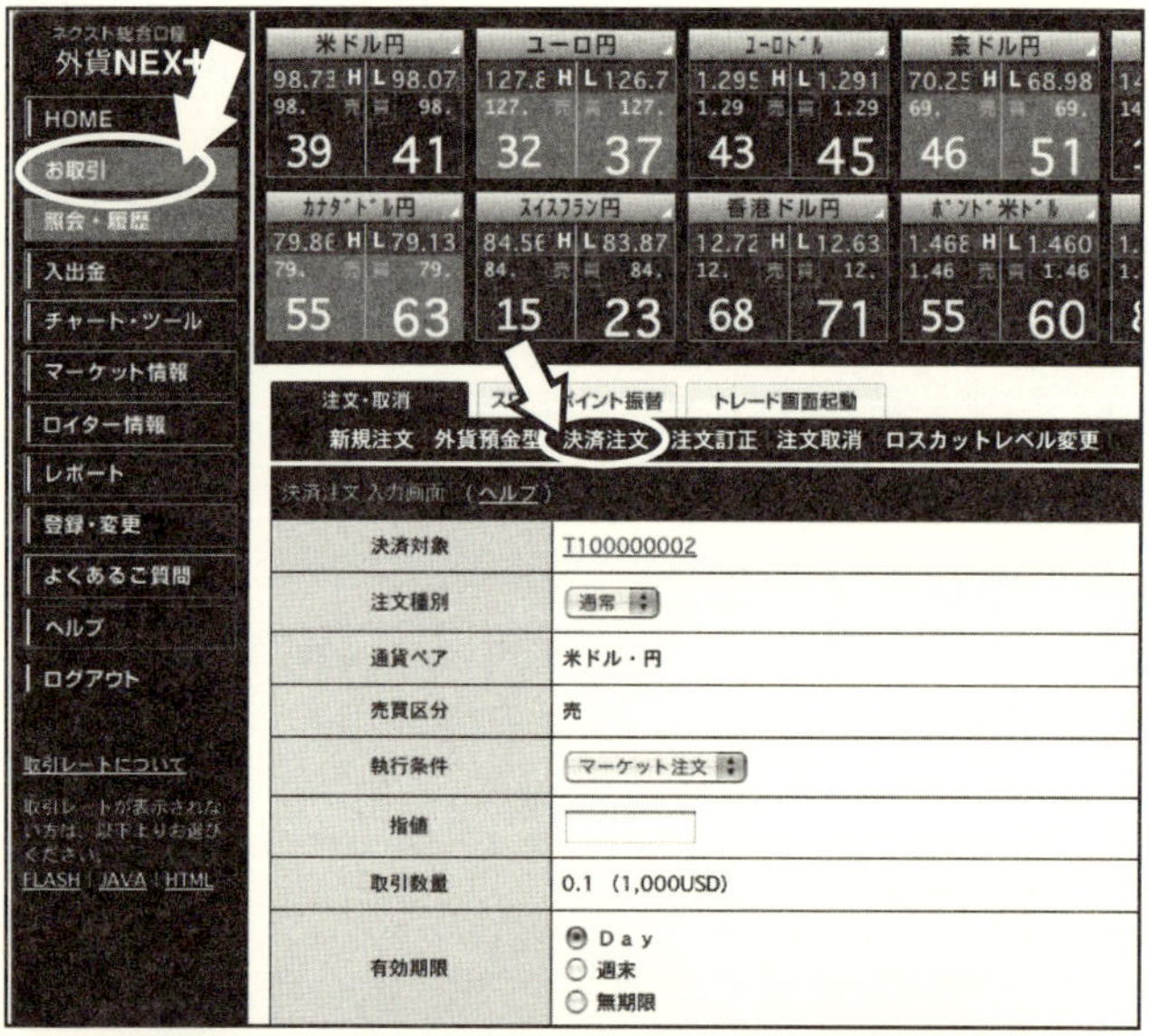

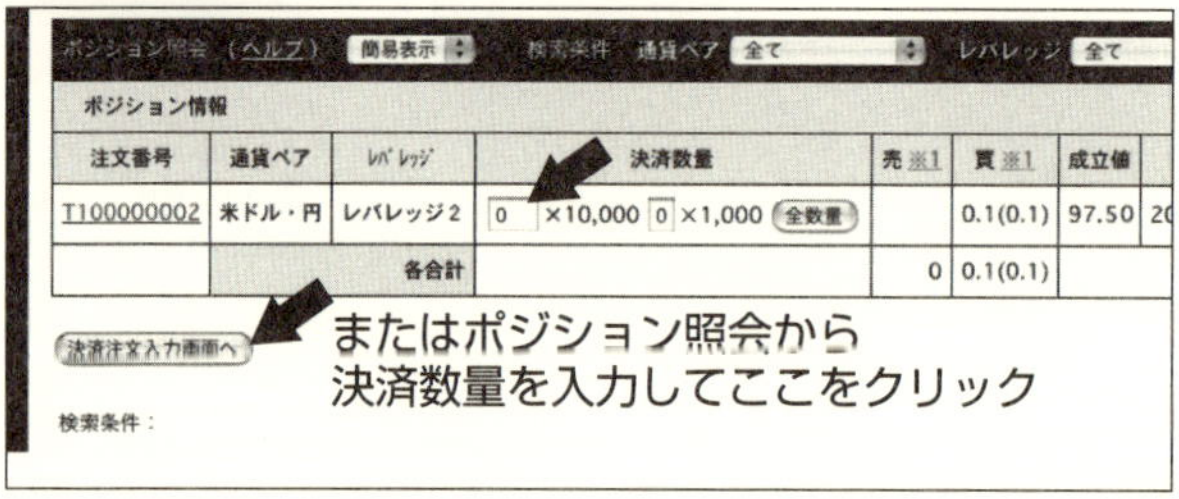

○買い方にも種類がある

簡単に「ドルを買う」「ドルを売る」と説明してきましたが、実は買ったり売ったりするのも、少し慣れが必要です。

通常の商品を売買するのは、すごく単純な話です。値段が決まっていて、買う時には、その金額を支払って、商品を受け取る。逆に売る時には、その金額を受け取って商品を渡す。これだけです。

ですが、ＦＸで通貨を売買する際、基本的に2通りの売買方式があります。

ひとつじゃないの?? 覚えられるかな……

そんなに難しいことではありませんので、大丈夫です。順番に説明しますね。

ＦＸで通貨を売買する時、通常の商品を買うのとは決定的に違うことがあります。それは、値段が随時変わるということです。

普段、みなさんが買っているゴハンやお菓子、飲み物などの商品は、値段が決まっていて、誰がいつ買いに行っても同じ値段で売ってくれます。つまり、価格が固定されているんです。

でもＦＸの場合は違う。ドルの値段は常に変化しています。しかし、「価格」が常に変化しているからといって、「よくわからないから、無視していいや」とはなりません。

なぜなら、いくらで買って、いくらで売るかがＦＸの最大の関心事だからです。いうまでもなく、「価格」は非常に重要な要素です。

そして、いくらで売買したいと思っているか、によって注文の仕方が変わります。

① 指値注文《さしねちゅうもん》

指値注文とは、「指値」、つまり「値段を指して」出す注文のことです。要するに、「私は１ドル１００円20銭で買う」「１ドル１０５円83銭で売る」など、金額を指定して、買おう／売ろうとすることです。

ＦＸでは、「いくらで買って、いくらで売る」ということが一番重要ですが、値段は常に変動している。だから、「いくらで買う（いくらだったら買う）」ということを決めて、値段を指定して取引するんです。

指値注文を出しておくと、その条件を満たす取引相手が出てきた時に、取引が成立（→「約定《やくじょう》」といいます）します。もし相手が現れなければ、いくら注文を出していても、ずっと取引は約定せず、「待ち」の状態になります。

そして、指値注文には、注文の有効期限をつけられます。取引相手が現れなければ、現れるまで待つことになりますが、いつまでもただ待っているのは無意味です。

そのため、自分が出す注文に有効期限をつけて、

「この条件で取引したいです。ただし、いついつまで待ちますが、それを過ぎたら、一旦取り下げます」

という意思表示をするんです。

指定した有効期間内に、条件に合う取引相手が見つかったら、無事取引は約定します。

つまり、指値注文をするのは、それ以上悪い条件で取引したくないからってこと？

その通りです。ですので、指定した金額よりもいい条件での提示があれば、自動的にそちらの条件で取引されます。

つまり指値で買う注文を出す時は、「この金額以下であれば買います」、売り注文を出す時には「この金額以上だったら売ります」という意思表示をしているということになります。

たとえば、「１００円で買います」と指値買い注文を出している人は、「１００円以上」で買いたくないだけで、「95円」だったら買いたいと思っているはずです。だから「95円」でも取引は約定します。

ただし、相場の動きが激しい時には、指値注文で指定した値段よりも悪い条件で取引が成立してしまうことがあります。みんなが「売りたい」と考えていて、売り注文が殺到した場合、取引相手がいなくてあふれてしまうこともあります。指定した値段から大幅にずれることはあまりないですが、絶対に「指定した値段」で売れるわけではないので、ご注意ください。

なお、指値注文は、先ほども紹介した「お取引画面」で、執行条件を「指値」にし、その下で指値金額を入力すればＯＫです。

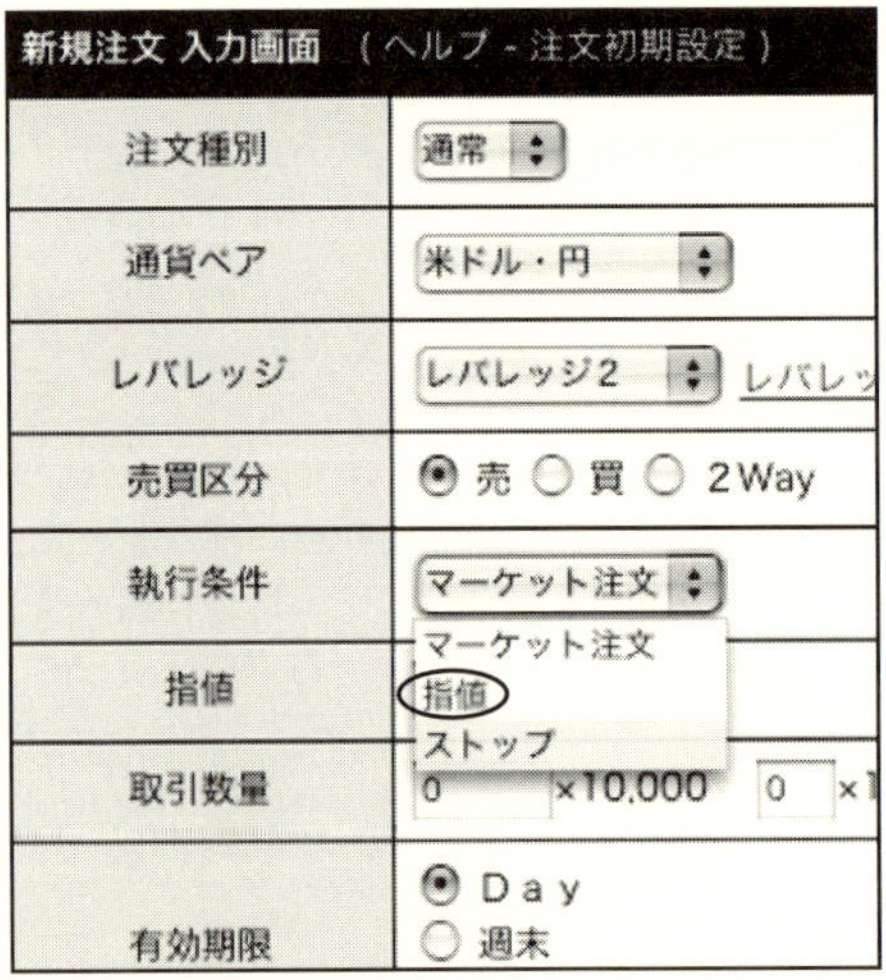

②成《な》り行《ゆ》き注文《ちゅうもん》

もうひとつの注文方法が「成り行き注文」です（「マーケット注文」とも呼ばれます）。これはすごくシンプルな注文方法で、文字通り「成り行き」に任せて、いくらでもいいから買える時に買う（売れる時に売る）という注文方法です。注文を出した段階で、相手がいればすぐに取引が成立します。

成り行き注文は、値段は相場の流れに任せても構わないから、とにかく約定させたいという時に使います。

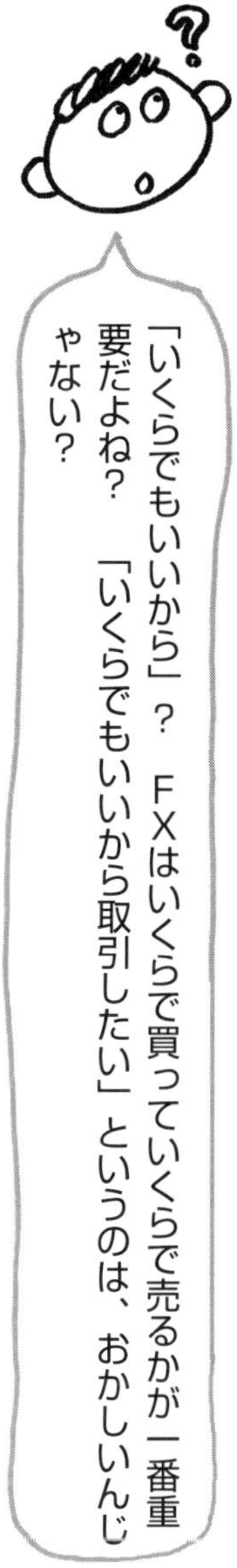
「いくらでもいいから」？　FXはいくらで買っていくらで売るかが一番重要だよね？　「いくらでもいいから取引したい」というのは、おかしいんじゃない？

その通りですね。株の取引の場合、取引している人が少ない場合があり、指値注文を出しても、その条件に合う人が全然現れないというケースがあります。そういう時は、成り行き注文じゃないと、取引が約定しません。

ですが、ＦＸの場合、通貨（取引銘柄）の種類が、株と比べて圧倒的に少ない。

また常に全世界の投資家が取引に参加していますので、取引相手がいなくて困るということはあまりありません。なので、成り行き注文を出すメリットは、あまりないんです。

しかも、ご想像のとおり、成り行き注文で出してしまうと、いくらで約定するのか、正確な値段がわからない、という欠点があります。

ただし、相場が急激に高騰／下落し、それこそ値段を気にせず、どうしてもすぐに約定させたい時には、成り行き注文が一番確実です。

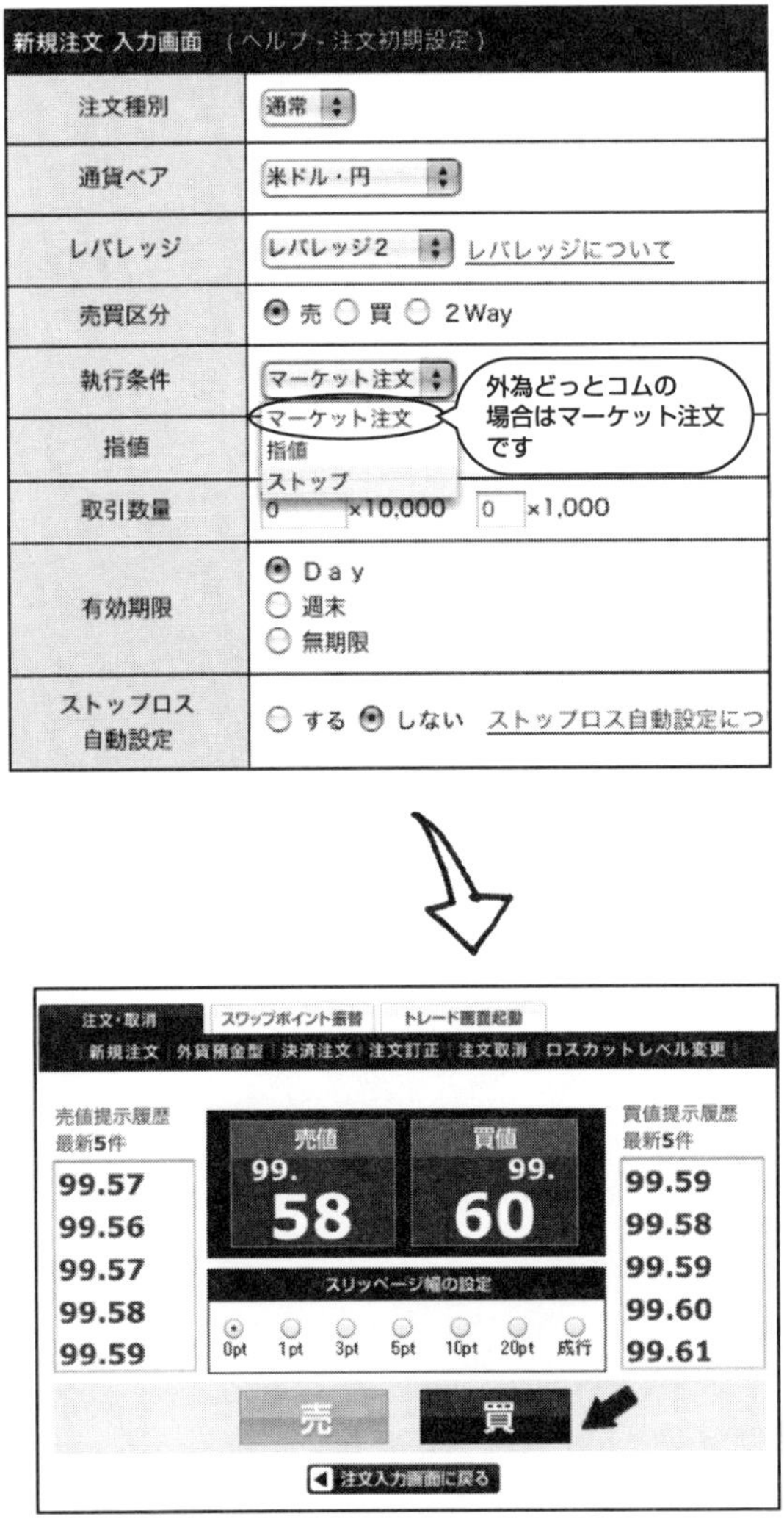

○冷静な時に売る価格を決めておきたい

指値注文も、成り行き注文も、買うだけ、売るだけの「片道」の注文方法でした。

しかしＦＸは、安く買ったものを高く売ることで初めて利益が得られます。つまり、買いと売りがセットになって、初めて目的が達成できるのです。

そこで重要なのが、「逆指値注文《ぎゃくさしねちゅうもん》」です。逆指値注文とは、それ以上値段が上がったら買う、それ以下値段が下がったら売るという注文です。

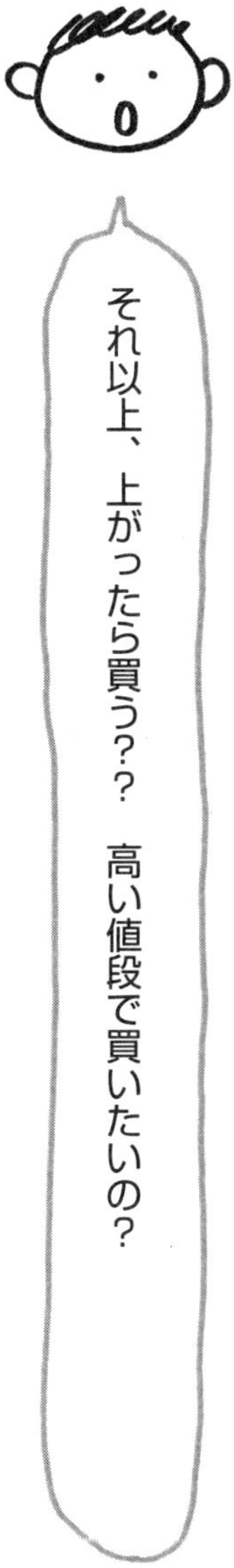
それ以上、上がったら買う??　高い値段で買いたいの?

これだけ聞くとなんだか不思議ですね。でもこの逆指値注文もいたって自然な発想で生まれた注文方法です。

どういうことか説明しますね。まず、相場は毎日上下していますので、多少値上がり・値下がりしてもそのトレンドが今後も続くかどうかはわかりません。でもあるラインを越えて値上がり・値下がりした場合、「相場の勢いが強いから今後もこの流れが続くな」と判断できます。

たとえば、「もし今は１０８円だけど、１ドル１１０円よりも円安になったら、円安の流れが加速するだろう」と思ったとします。その時、1ドル110円になるのを毎日毎日チェックするのは大変で、うっかりすると、知らない間に110円を突破しているかもしれません。そうならないために、1ドル110円になったらドルを買うという注文をあらかじめ出して起き、流れに乗り遅れないようにするんです。

1ドル110円で指値注文を出しておくんじゃ、だめなの？

指値注文は、「その値段以下だったら買う」という意味なので、「1ドル105円」などの段階で注文が成立してしまいます。相場に勢いがあって1ドル110円よりも円安になれば注文したいと思っているので、1ドル105円で買ってしまっては、意味がありません。勢いがあることを確認してからじゃないと買いたくないんです。だから、逆指値が必要なんです。

○ それ以上損を膨らませない「ストップ注文」

今の逆指値注文は、「それ以上値段が上がったら買う」、「それ以上値段が下がったら売る」という注文方法です。このうち「それ以上値段が下がったら売る注文」は、それ以上損を膨らませたくないから売る、という意味です。これを特に「ストップ注文」と呼びます。

流れに乗り遅れないようにしてちゃんと儲けることも大事ですが、それよりもダラダラと損をしないように「損切り」をすることは最も重要なことです。

ストップ注文とは、取引をそこで終わらせる（ストップさせる）注文です。要は、「もし値段が○○円より下がったら、今持っているドルを売ります」、というような予約です。

たとえば、１ドルを１１０円で買ったとします。この後、相場が円安になれば、儲かります。しかし逆に円高になってしまえば、損をします。しかも、いつ円高になるかわかりません。仮に円高になった時に、仕事で忙しく、売り注文を出せないと、どんどん損が膨らんでいってしまいます。

そうならないように、この「ストップ注文」があります。ストッ

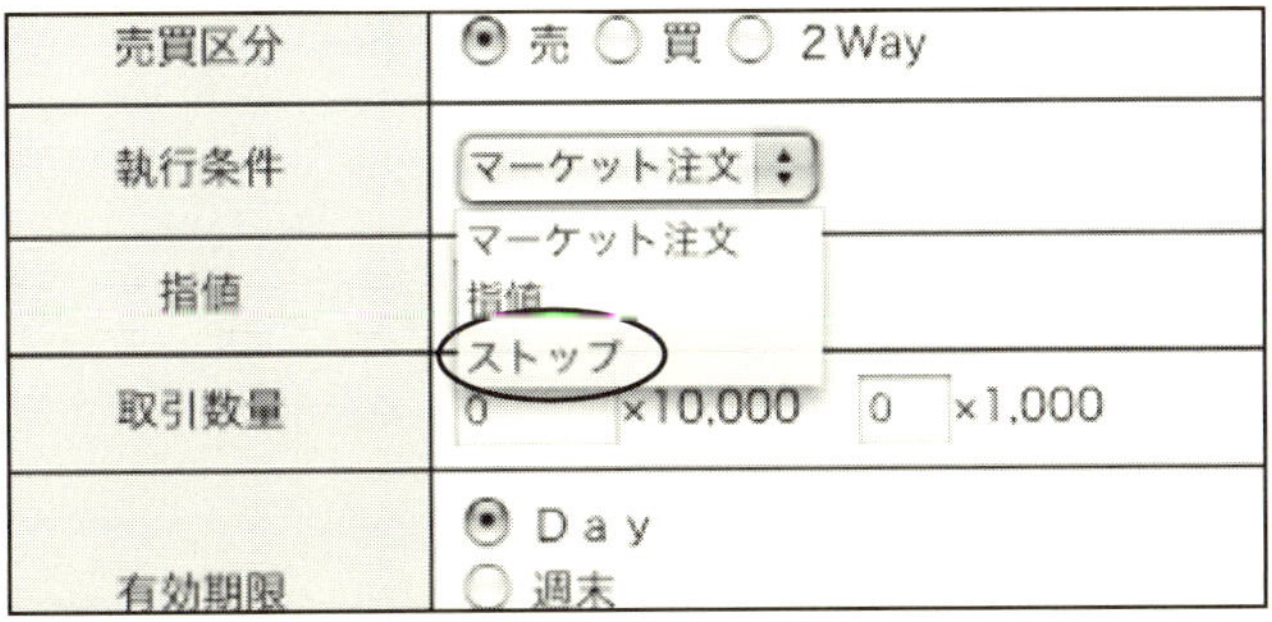
売買区分
売　買　2Way
執行条件
マーケット注文
マーケット注文
指値
ストップ
指値
取引数量
0　×10,000　0　×1,000
有効期限
Day
週末

プ注文の出し方は、簡単で、「売買区分」の項目で選ぶだけです。

ストップ注文では、あらかじめ売る金額を決め、設定しておきます。指値注文と似ていますが、違います。指値注文は、「その値段以上だったら売りたい」という意味ですが、ストップ注文は「その値段まで下がったら、それ以上損をしたくないから売る」という意味なのです。

ストップ注文を出すことで、知らない間に円高になって損をしていた、相場が急落して売るタイミングを逃した、などが防げます。

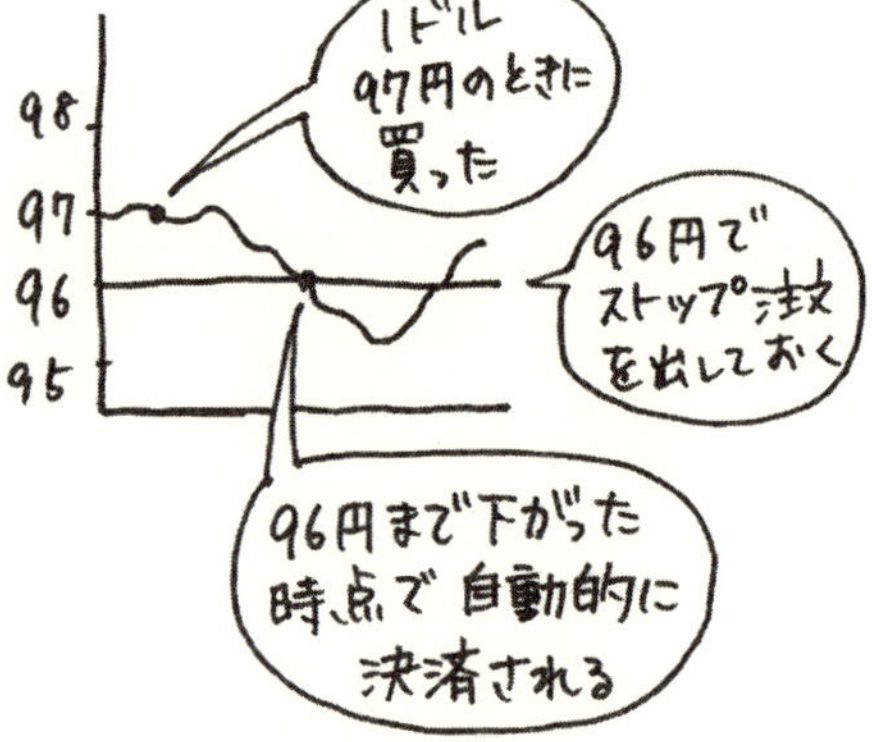
98
97
96
95
1ドル 97円のときに 買った
96円で ストップ注文 を出しておく
96円まで下がった 時点で 自動的に 決済される

チェックできなくても これ以上の損は 出ないので安心！
仕事に 集中できる！

○「逆指値注文」は利益を出すための最重要ポイント

「ストップ注文」を含めて、逆指値注文は、ちゃんと利益を確定させるために、またそれ以上損をしないために、非常に重要なものです。

ですが、この逆指値注文の説明を聞いて、「よし、自分も絶対逆指値注文を出すぞ」と思う方はそれほど多くありません。むしろ、「なんか損した気がする」と感じる方も多いと思います。

なぜそう感じてしまうかというと、逆指値注文は前もって売る値段を決めてしまうからです。前もって売る値段を設定すると、最初から利益額の上限を決めちゃっていることのような気がするのです。

相場がどんどん良くなっていくかもしれないのに、予め「逆指値注文」を出して売る値段を決めてしまうのはもったいなく感じる。

また、多少円高になっても、またすぐに円安に戻るかもしれない。それなのに、あらかじめストップ注文を出してしまうと、円安になって今出ている損を挽回してくれる可能性をつぶしてしまう、と感じるわけです。

その気持ちはわかります。FXを開始する時には、当然勝つつもりで取引に臨みますので、勝つイメージしか持っていません。

そのため、「逆指値注文は便利だけど、オレは相場を見ながらいいタイミングで売るからいいよ」と、強気な考えで取引に臨んでしまいます。

しかし、この考え方には、2つの「誤解」があります。

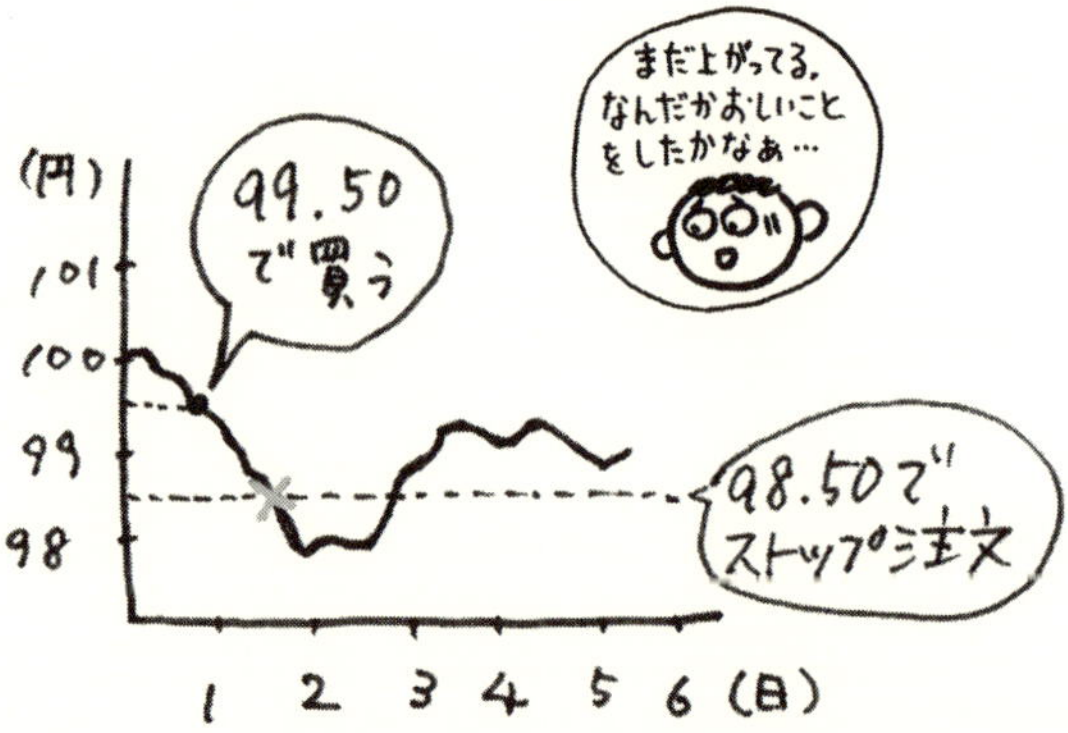

(円)
101
100
99
98
99.50で買う
98.50でストップ注文
1 2 3 4 5 6 (日)
まだ上がってる。なんだかおしいことをしたかなぁ…

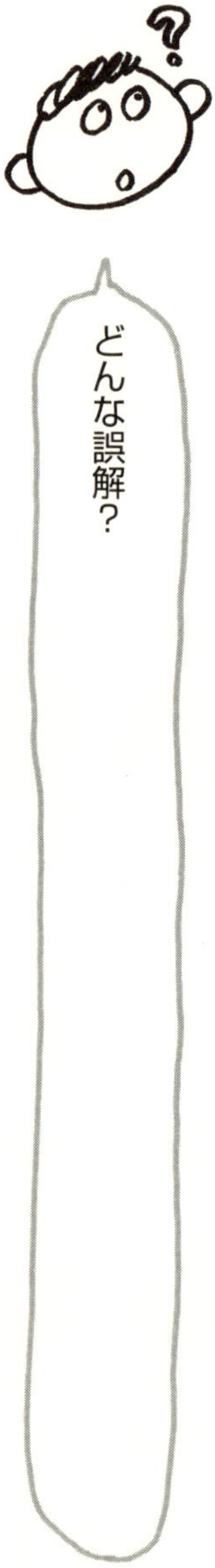

どんな誤解?

ひとつ目は、一度出した注文は取り消せないと考えていることです。これは「誤解」です。逆指値注文は、一度値段を設定したらそれで確定ではなく、あとから変更することも可能です。そのため、相場の状況やトレンドが変わったら、また新しい価格で逆指値注文、ストップ注文を出しなおせばいいのです。

2つ目の「誤解」は、「自分は相場を見ながらいいタイミングで売ることができる」ということです。多くの「投資家」がそのように感じていますが、そんな簡単なことではありません。実際、買う時よりも、売る時の方が難しいと感じる方が多いです。

株の取引でもそうですが、買う時よりも売る時の方が難しい。円安になって、どんどん儲かっている時には、「もう少し持ち続けたら、もっと儲かるはずだから、まだ売るのをやめよう」と考えます。「欲」が出てしまうのです。

そして、相場の折り返し地点が来て、円高になってきたとしても、「またすぐに円安になるから、もう少し我慢して持っていよう」と考えます。

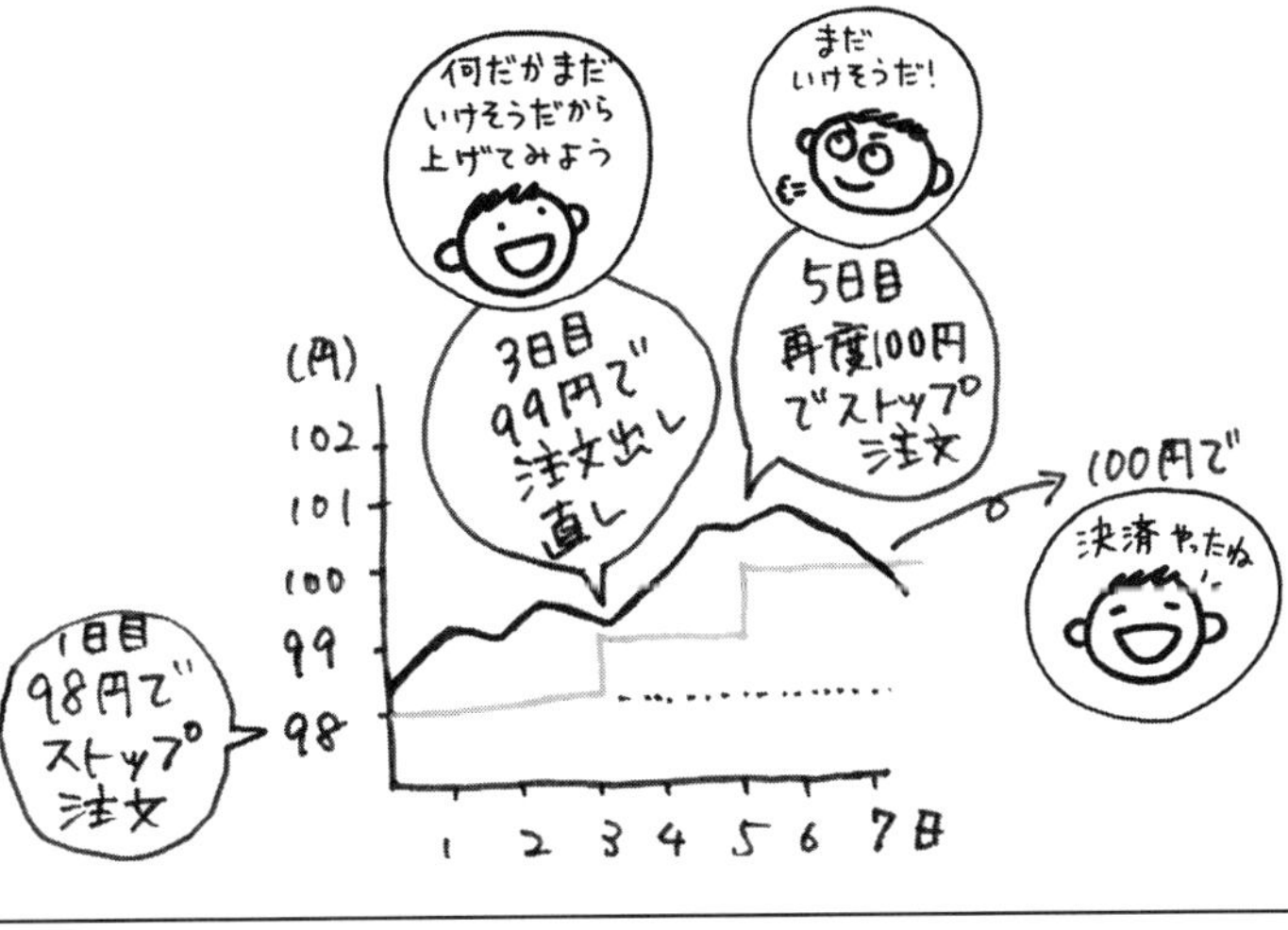

さらに、どんどん円高が進み、最初に買った額くらいまで戻ってきてしまっても、「儲けがなくなっちゃったから、今売ったら意味がなくなる。もう少し待てば円安になるはず」と考え、持ち続けます。

その結果、損が膨らみ、売るに売れない状況になってしまうのです。

そうならないために、逆指値注文（特にストップ注文）をかけるべきなのです。ストップ注文をかけていれば、ある程度利益が出たところで、自分の欲に負けず売ることができる。反対に、これ以上損してはいけない価格に設定しておけば、損をある程度の範囲内に抑えることができます。

多くのプロ投資家が一番大事なルールとして挙げるのが、「損を最小限に抑えるために、損切りに徹すること」です。それだけ重要なんですが、みんな感情に負けてなかなか実行できません。

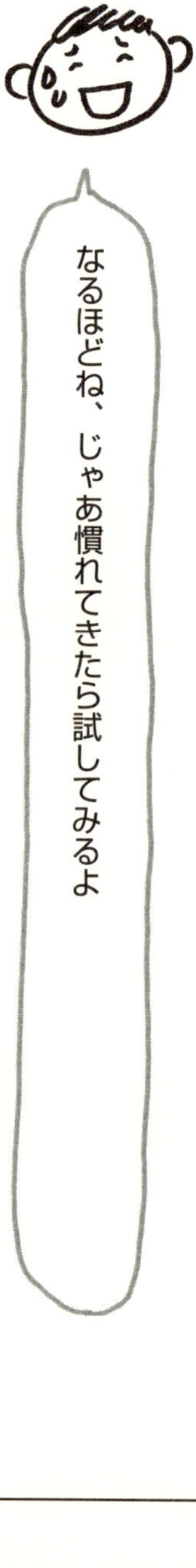
なるほどね、じゃあ慣れてきたら試してみるよ

それではダメです。「ストップ注文」は自分の感情に左右されず、利益を上げるための必要不可欠な仕組みです。「気が向いたらやってみるか」ではなく、「全ての取引にストップ注文を出しておく」ということを当たり前のルールとして徹底すべ

きです。それくらい重要なことです。

○「マージンコール」と「ロスカット」が発生!?

取引をしていく中で、できれば経験したくないことがあります。それが「マージンコール」と「ロスカット」です。これらは、自分が行っている取引で損が出た時にFX業者から来る連絡のことです。「マージンコール」は、「損が出て保証金（元本）が少なくなったから、追加でお金を振り込んでください！」という連絡です。「ロスカット」は、「損が大きくなったので、これ以上損が出ないように、取引を強制的に終了させました！」という連絡です。

①マージンコール

FXの仕組みとして、レバレッジをかけて実際の元手よりも大きい額を運用できることは説明しました。つまり、預けたお金はあくまでも「保証金（担保）」で、そっくりそのまま運用するわけではないのです。これは外貨預金の仕組みとは大きく異なる点です。

そのため、運用で損失が出て、「保証金」が減ってくると、担保不足ということで、ＦＸ業者から、追加でもっと保証金を入金してくださいという連絡が来ます。これが「マージンコール」です。マージンコールは、「追加」の「証拠金」ということで、「追証《おいしょう》」とも呼ばれます。

マージンコールは、口座に入っている「保証金」がある水準まで減ると発生します。どの水準に来たら発生するかは、各ＦＸ業者によって違いますが、当初の保証金（元手）に対して、含み損が○○％に達したらマージンコールが発生する、という仕組みです。外為どっとコム（外貨ネクスト）の場合、含み損が保証金の50％以上になると、マージンコールの連絡が来ます。

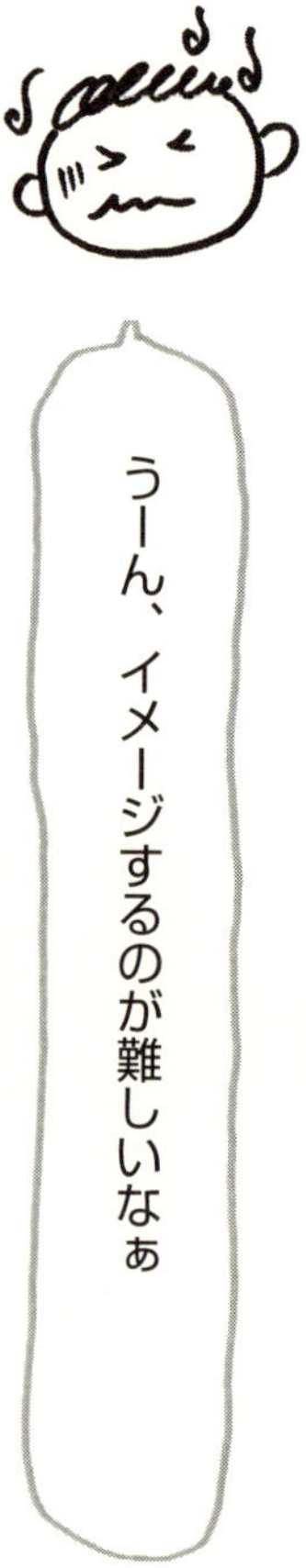

では、この仕組みを再度具体例で説明しますね。

10万円を口座に入金して、１万ドル（１ドル１００円）を買った場合を想定します。10万円を元手に、１万ドル（１００万円分）の取引をするわけですから、レバレッジは10倍ですね。

為替レートは日々変化しているので、その瞬間瞬間ごとに、含み益が出たり、含み損が出たりします。確認ですが、「含み益」「含み

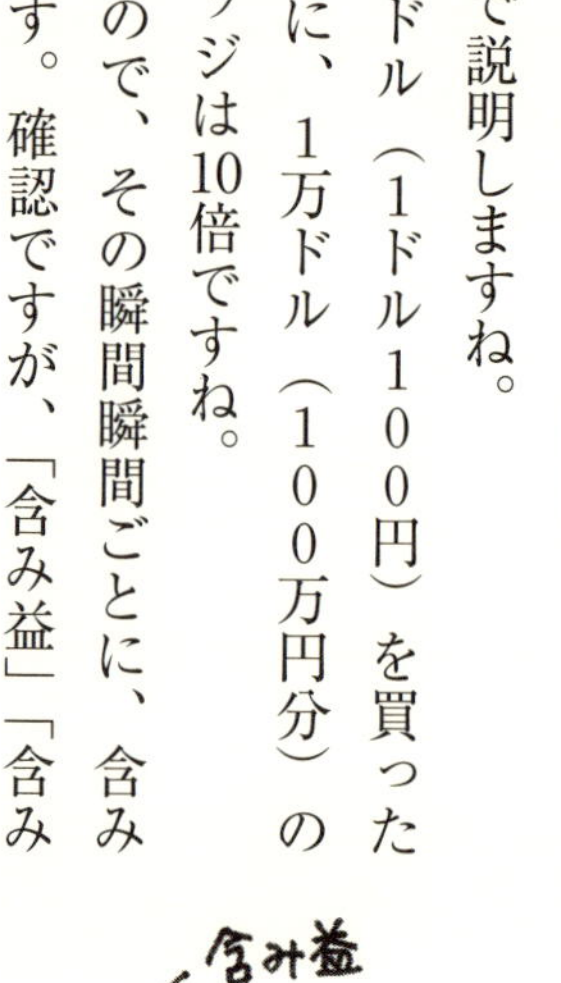

損」というのは、仮に今この瞬間に売って、取引を終了させたとしたら、いくらの利益、損が出るかという意味です。まだ実際に売っていないので、利益（損）は出ていませんが、「含んでいる」という意味で「含み益」「含み損」といいます。

そして、含み益、含み損の額も刻々と変わりますが、外為どっとコム（外貨ネクスト）の場合、含み損が保証金の50％以上になったらマージンコールが発生します。つまり含み損が5万円以上になると、「追加で保証金を入金して下さい！」と連絡が来ることになります。

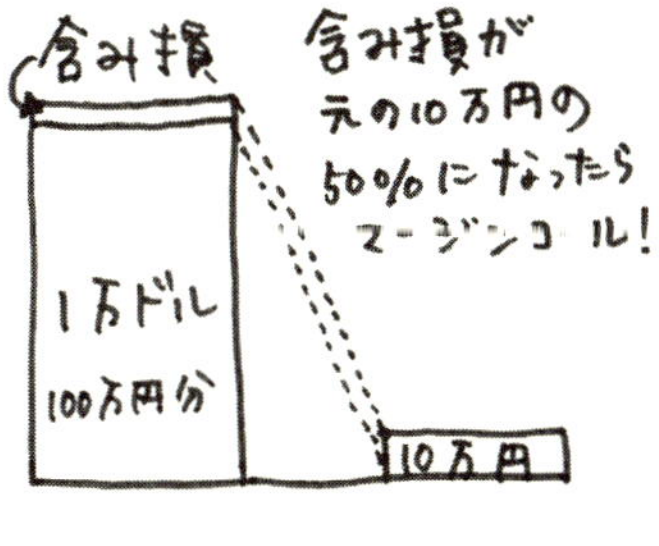
含み損
含み損が
元の10万円の
50%になったら
マージンコル！
1万ドル
100万円分
10万円

② ロスカット

マージンコールが来ても、決められた期日までに追加でお金を入金すれば、問題ありません。しかし、マージンコールを無視して、さらに損失が膨らむと、強制的に売られてしまいます。これを「ロスカット」といいます。

いくら「これから円安になって儲かるはずなのに！」と叫んでも、問答無用で取引は終了されてしまいます。そこで取引が終わってしまうので、そのあといくら円安になっても意味がありません。

なんで勝手にそんなことするの!?

そう不満を感じる方も多いですが、これがＦＸのルールです。レバレッジをかけているということは、いわば「架空の資金」を使って運用しているということです。損失が出れば、実際にある資金であろうと、架空の資金であろうと、その損失を埋め合わせなければいけません。

しかし、非常に高いレバレッジを設定している場合、巨額の損失が出る場合があり、個人の力でそれを埋めることが実質不可能になるケースさえあり得ます。

そうならないために、それ以上損をしないために、ロスカットのルールが設けられているのです。

いつロスカットされちゃうの?

どのくらい損失が出たらロスカットされるかも、業者によって異なります。たとえば外為どっとコム（外貨ネクスト）だと、ロスカットのレベルは、30％（含み損が保証金の70％を超えたらロスカットする）、40％（含み損が保証金の60％を超えたら）、50％（含み損が保証金の50％を超えたら）の中から、自分で選ぶことができます。

先ほどの例と同様に10万円で1万ドル（1ドル100円）買った場合を考えると、仮にロスカットのレベルを30％に設定していた場合、含み損が7万円を超えるとロスカットされることになる。

じゃあロスカットのレベルは高い方がいいのかなぁ？　その方がリスクが低そうだよね。

40％や50％に設定すると、もっと早くロスカットされ、より安全になります。しかし、その後値上がりする可能性も捨ててしまうことになるので、一概にロスカットのレベルが高ければいいとはいえません。

◯マージンコール、ロスカットをシミュレーション

マージンコール、ロスカットの意味と仕組みはご理解いただけたと思います。しかし、実際に自分が取引した際、どのくらいでマージンコールやロスカットが発生するのかは、自分で計算しなければなりません。

この計算方法は、実はすごく簡単なのですが、慣れないと若干分かりづらいので、ここでいくつか練習しておきましょう。

計算で出すのは、「いくらで買ったドルがいくらまで下がったら、保証金の何%を失うか」、です。それがわかれば、マージンコールが発生する値段、ロスカットが発生する値段がわかります。つまり、「どのくらい円高になっても大丈夫か」がわかるんです。

そして実際に取引を開始する際には、リスクの許容範囲（どこまで為替レートが変動しても大丈夫か）を予め想定していくことが大切です。

まず公式の説明です。この公式に実際の保証金（元手）、レバレッジ倍率、現在為替レートを当てはめれば、マージンコール／ロスカットが発生する為替レートがいくらなのかがわかります。

●「どのくらいの円高になっても大丈夫か率」の計算方法

レバレッジ倍率 × 値下がり率 ＝ 1 －マージンコール（ロスカット）のレベル

です。

この式に決まっている値を代入すれば、マージンコールが発生する「値下がり率」がわかる、つまり「何％値下がりしたらマージンコールやロスカットが発生するか」がわかります。

レバレッジの倍率は決まっていませんが、自分で設定するものなので、設定したい倍率を代入すればＯＫです。マージンコールやロスカットのレベルはすでに決まっている場合もありますので、それを代入します。

ためしに、レバレッジを10倍として、保証金の50％まで含み損を抱えたら、マージンコールが発生するケースで考えましょう。どのくらい値が下がったらマージンコールが発生するのでしょうか？

なので、

レバレッジ倍率 × 値下がり率 ＝ １ ー マージンコール（ロスカット）のレベル

１０倍 × 値下がり率 ＝ １ ー ０・５（５０％）

１０倍 × 値下がり率 ＝ ０・５

値下がり率 ＝ ０・０５

値下がり率は「０・０５」となりましたね。つまり、１００円から５％値下がりしたら、マージンコールが発生するということです。「５％の値下がり」ということは、「５％のドル安（円高）」ということです。１００円でドルを買っていたとしたら、95円になった段階で、マージンコールが発生するということです。

過去の円ドル相場を見ると、１ヶ月で「５円の円高」になったケースは、最近10年で40回以上もあります。そんなにレアケースではなく、あり得ることなんです。それなりに「あり得る確率」で、元金を失ってしまう。これはリスクが高いですね。

レバレッジ倍率	マージンコールが発生する値下がり率	1ドル100円で買った場合、マージンコールが発生する相場は？
1倍	50%	1ドル=50円
2倍	25%	1ドル=75円
5倍	10%	1ドル=90円
10倍	5%	1ドル=95円
50倍	1%	1ドル=99円
100倍	0.5%	1ドル=99円50銭
400倍	0.125%	1ドル=99円87銭

なお、すでにお気づきの方もいらっしゃると思いますが、値下がり率の許容範囲は、レバレッジ倍率が高くなればなるほど、せまくなります。レバレッジ倍率が高くなると、ほんの少しの値下がりしか耐えられなくなってしまうのです。

さきほどど同じように、マージンコールが発生するレベルを「50％」として、レバレッジ倍率と許容できる値下がり率を表にしています。

２００８年10月のように、相場が乱高下する時には、円ドルの為替レートが１か月に10円以上変わることも十分あります。さらに、１円程度の値動きであれば、毎日のように起きているといっても過言ではないでしょう。

右ページの表でもわかるように、レバレッジを50倍にすると、「１ドル１００円」が「１ドル99円」になっただけでも、マージンコールが発生します。

レバレッジを50倍にするということは、自己資金を50倍に水増しして運用するという意味ですので、非常に高いリターンが得られる可能性があります。しかしその一方で、リスクも非常に高くなることを忘れてはいけません。

なお、先ほどの表はロスカットのレベルに置き換えることもできます。ロスカットのレベルを30％（含み損を差し引くと、保証金がもう30％しか残っていない状況。こうなった段階でロスカットがされる）にすると、次のような表になります。

１ドル30円、65円は未だかつて起こったことがありません。もちろんこれからどうなるかはわかりませんが、非常に起こりにくいことであることは間違いないでしょう。と考えると、レバレッジ1倍や2倍は、「低リスク」といえそうです。

レバレッジ5倍は微妙なラインです。実際、２００８年8月から11月までに、円は1ドル１１０円から、90円にまでなりました。この時もし、レバレッジ５倍で運用していたら、ロスカットが発生していたことになります。

レバレッジ倍率	ロスカットが発生する値下がり率	1ドル100円で買った場合、ロスカットが発生する相場は?
1倍	70%	1ドル=30円
2倍	35%	1ドル=65円
5倍	14%	1ドル=86円
10倍	7%	1ドル=93円
50倍	1.4%	1ドル=98円60銭
100倍	0.7%	1ドル=99円30銭
400倍	0.175%	1ドル=99円82銭

○実際の状況でシミュレーション

今、レバレッジをどれくらいにすると、マージンコール、ロスカットがいつ発生するかについて、公式と表で説明しました。

でもこれはあくまでも例でしょ？　実際の現在の為替レートで計算したいんだけど、自分でいちいち計算しないといけないの？

理屈を理解した上で、ご自身で計算できるようになるのがベストです。エクセルなどを使えば、すぐに計算できます。

ただ、もっと簡単な方法もあります。

今説明してきたことを、自分で好きなように値段を設定してシミュレーションできる機能があります。

この機能を使えば、状況や自分のスタイルに合わせて、計算することができます。

１ドル90円の時に、レバレッジを50倍にしたら、ロスカットはいくらで発生するか？

１ドル１０５円の時に、レバレッジが2倍だったら、マージンコールはいつ来るか？

などが、数字を入力するだけで簡単に計算できるんです。先ほど説明した考え方と公式を身につけていればなお良いですが、理屈はわからなくても、計算するだけだったらこの機能を使えば十分です。

またこの機能は、マージンコール、ロスカットだけではなく、利益の計算もできます。仮に買値と売値、取引数量などを入力すれば、その取引でいくら利益が出るのか計算できるのです。

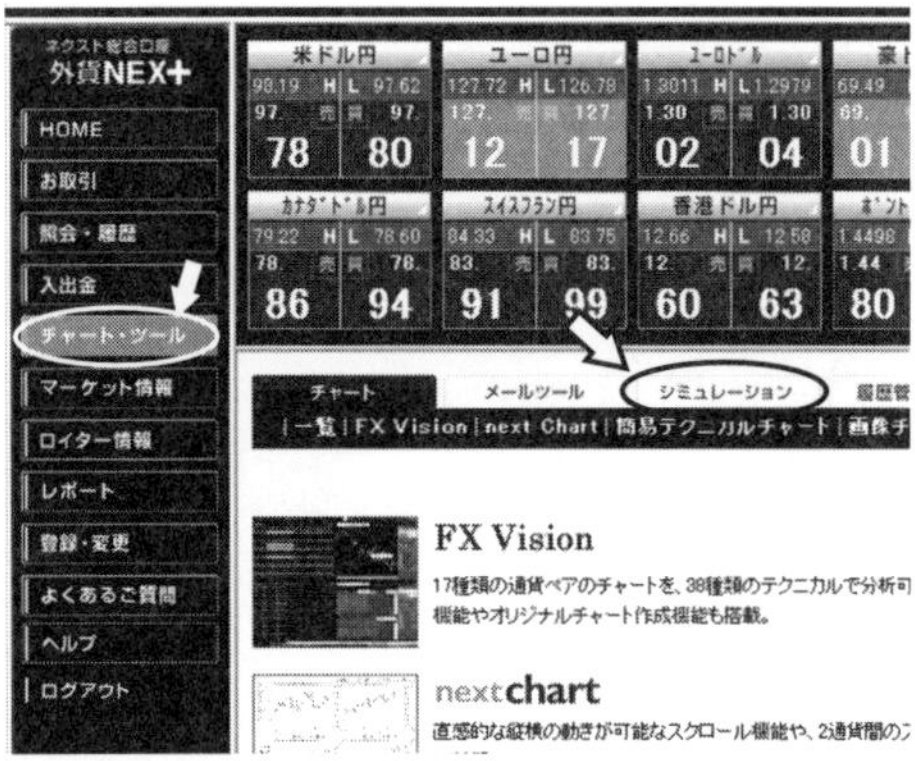

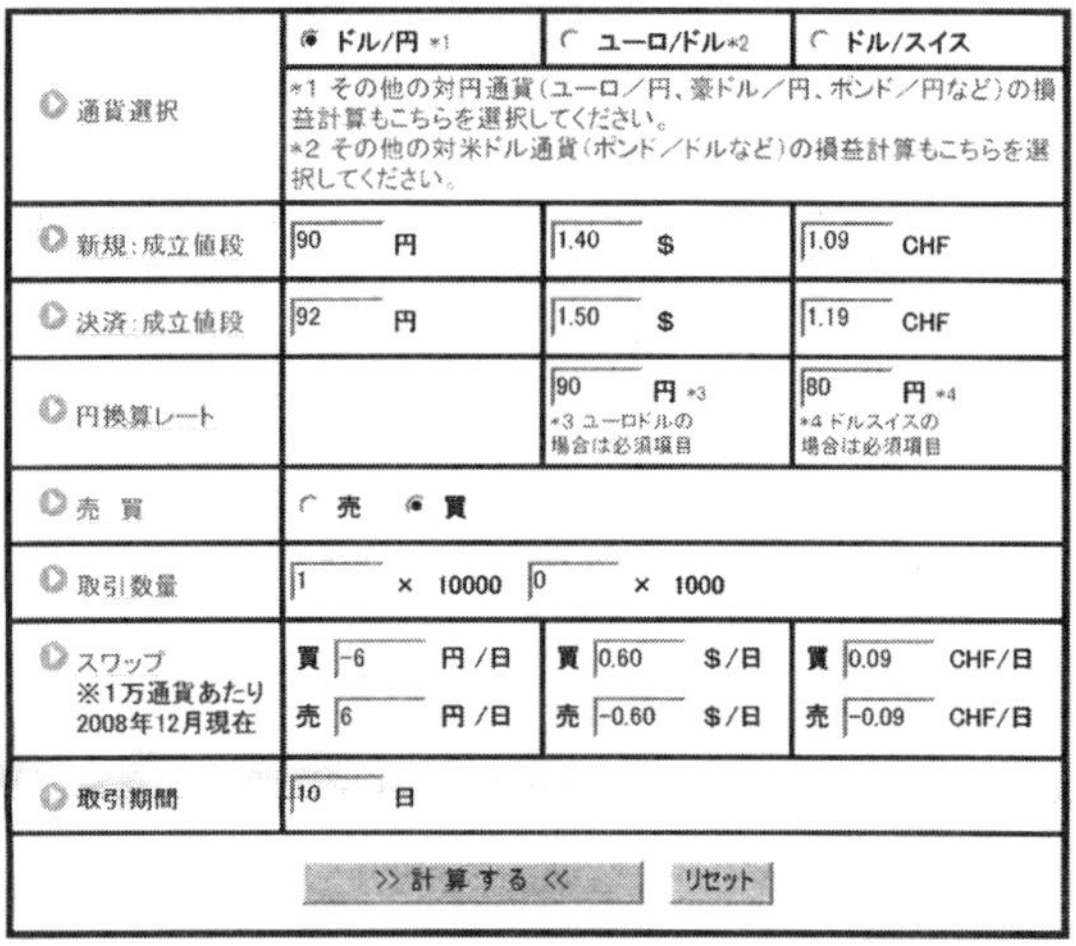

通貨選択	◉ ドル/円 *1	○ ユーロ/ドル *2	○ ドル/スイス
	*1 その他の対円通貨（ユーロ／円、豪ドル／円、ポンド／円など）の損益計算もこちらを選択してください。 *2 その他の対米ドル通貨（ポンド／ドルなど）の損益計算もこちらを選択してください。		
新規：成立値段	90 円	1.40 $	1.09 CHF
決済：成立値段	92 円	1.50 $	1.19 CHF
円換算レート		90 円 *3 *3 ユーロドルの場合は必須項目	80 円 *4 *4 ドルスイスの場合は必須項目
売買	○ 売 ◉ 買		
取引数量	1 × 10000 0 × 1000		
スワップ ※1万通貨あたり 2008年12月現在	買 -6 円/日 売 6 円/日	買 0.60 $/日 売 -0.60 $/日	買 0.09 CHF/日 売 -0.09 CHF/日
取引期間	10 日		
	>> 計算する << リセット		

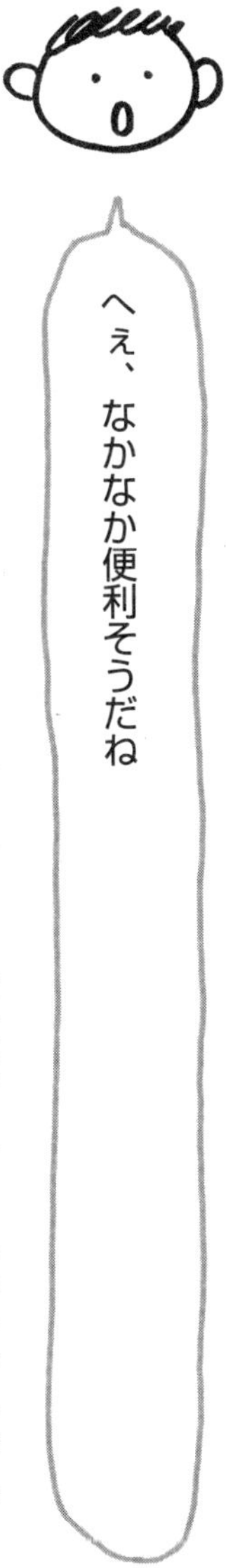
へぇ、なかなか便利そうだね

率直にいうと、この機能はＦＸ初心者の方には必要不可欠なものです。なぜかというと、この機能を使うことで、ＦＸ初心者にとって非常に重要で、でもよく無視されがちなポイントをおさえられるからです。そのポイントとは、何度も出てきているように「いくらで買って、いくらで売るか」ということです。ＦＸでドルを買った場合、円安になれば利益が出て、円高になれば損が出ます。

それは理解されている方が多いと思います。

しかし、買ったドルが実際に○○円になったら、××円くらい利益（損）が出る、だから□□円になったら売ろう、とまで計算して取引をしている方は少ないです。ただし、後ほど詳しく説明しますが、これが一番重要だったりします。つまり、いくらで買ったものをいくらで売るという具体的な想定が必要なのです。

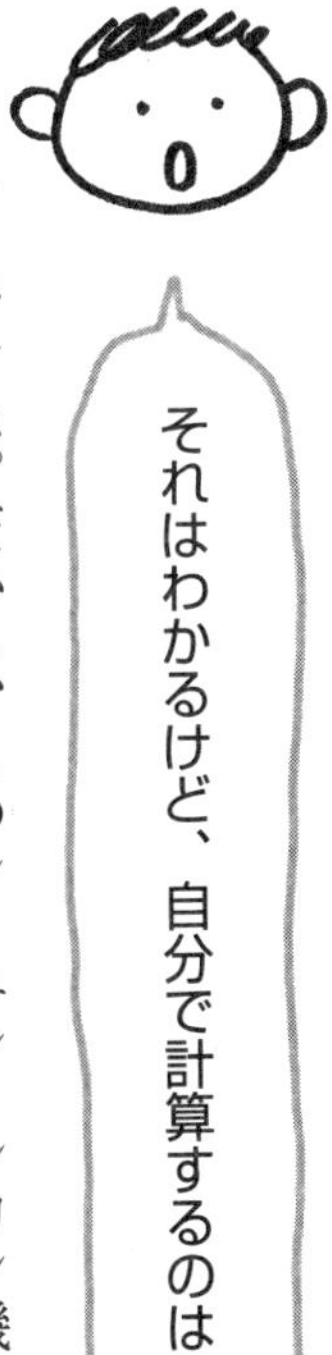
それはわかるけど、自分で計算するのは大変だね

そうですね。だから、このシミュレーション機能を使わない手はないんです。騙されたと思って一度使ってみることをオススメします。

6時間目

あなたは何型？
自分に合った
取引スタイルを知る

はじめての
FX1年生
6時間目

あなたは何型？自分に合った取引スタイルを知る

各業者によって、いろんなサービスがあるね。たくさんあって迷うから、正直なところ、どれが一番役に立つのか教えてよ

先ほど書いたとおり、それはみなさんがどのように取引をしようとしているのか、ＦＸ取引で何を期待しているのかによって大きく変わります。なので、一概に「これ！」とはいえません。

そういわれてもなぁ。自分でもよくわからないし……

それでは、自分にとって一番メリットがある機能を考える前に、自分にはどんな取引スタイルが合っているか、どのように取引ができるか、調べてみることにしましょう。

自分はどんな取引スタイルが合っているか、については、いろいろな要素がありますが、大きく考えると3つあります。

①ＦＸで自分のお金をどうしたいと思ってるか？
②現在考えていることを半年以上続けられるかどうか？
③9時～5時で働く定時の仕事をしているか？

まず「ＦＸで自分のお金をどうしたいと思ってるか？」ですが、これはＦＸをやる目的です。別の表現をすると、「毎月どのくらい儲かれば満足するのか」という質問に近いかもしれません。

ただ、この質問にすぐ答えられる人は、それほど多くないと思います。最初は儲かれば儲かるほどうれしい！　と感じると思いますし、そもそもいくらくらい儲かるものなのかよくわからないです。

なので、見方を変えて、「なぜＦＸに興味を持ったのか？」を思い出してみてください。１か月で１００万円儲かった主婦がいるからなのか、株で失敗して別の投資先を探していたからなのか、銀行預金の金利がバカバカしくみえたからなのか。

これを思い出すことで、自分がＦＸのどこを魅力に感じているかがわかり、期待している内容がわかります。
そしてこれが第1の判断ポイントです。

ポイント1

「ガンガン積極的に運用しようとしている」──────
or
「銀行預金よりも多く稼げればＯＫと感じている」──────

次に、「現在考えていることを半年以上続けられるかどうか？」です。つまり、現時点で「こうしよう」と思っていることを、将来（少なくとも数か月先）まで持続しているかどうかを考えます。
現時点では「ガンガン積極運用するぞ〜！」と思っていても、1ヶ月後には冷めているかもしれません。最初はやる気でも、すぐに冷めてしまうのであれば、持続が難しいです。嫌味をいっているわけではなく、中長期的に自分に合ったスタイル

を選ばなければ意味がないので、ここは冷静になって判断が必要です。

なかなか冷静な見極めが難しいという方は、過去新しいことを始めた時に、どのくらい「持続」したかを思い出してください。3日坊主だったのか、数か月は続いたのか、何年も続けてすでに習慣になっているのか……。半年以上継続できていたら、「今考えていることを続けられる」としてもいいと思います。

これが第2の判断ポイントです。

ポイント2

「現在考えていることを半年以上続けられるかどうか？」

最後に「9時～5時で働く定時の仕事をしているか？」です。つまり、自分の自由にならず、他のことを優先しなければならない時間帯があるかどうか、という意味です。そういう意味では、サラリーマンでなくても、フリーで忙しく仕事をしている方、専業主婦でも子育てと家事で走り回っている方も対象です。

自分の自由にならない時間帯があり、その間はＦＸの取引画面を見て落ち着いてできない場合、取引スタイルが大きく変わってきます。いくらやる気はあっても、実際にできることは限られてきます。ですので、ここも大きなポイントです。

ポイント3
「9時～5時で働く定時の仕事をしているか？」

この3つのポイントを合わせたチェック表が左のものです。自分が向いている取引スタイルを確認してみましょう。ここで自分に嘘をついても仕方がありませんので、素直に選んでくださいね。

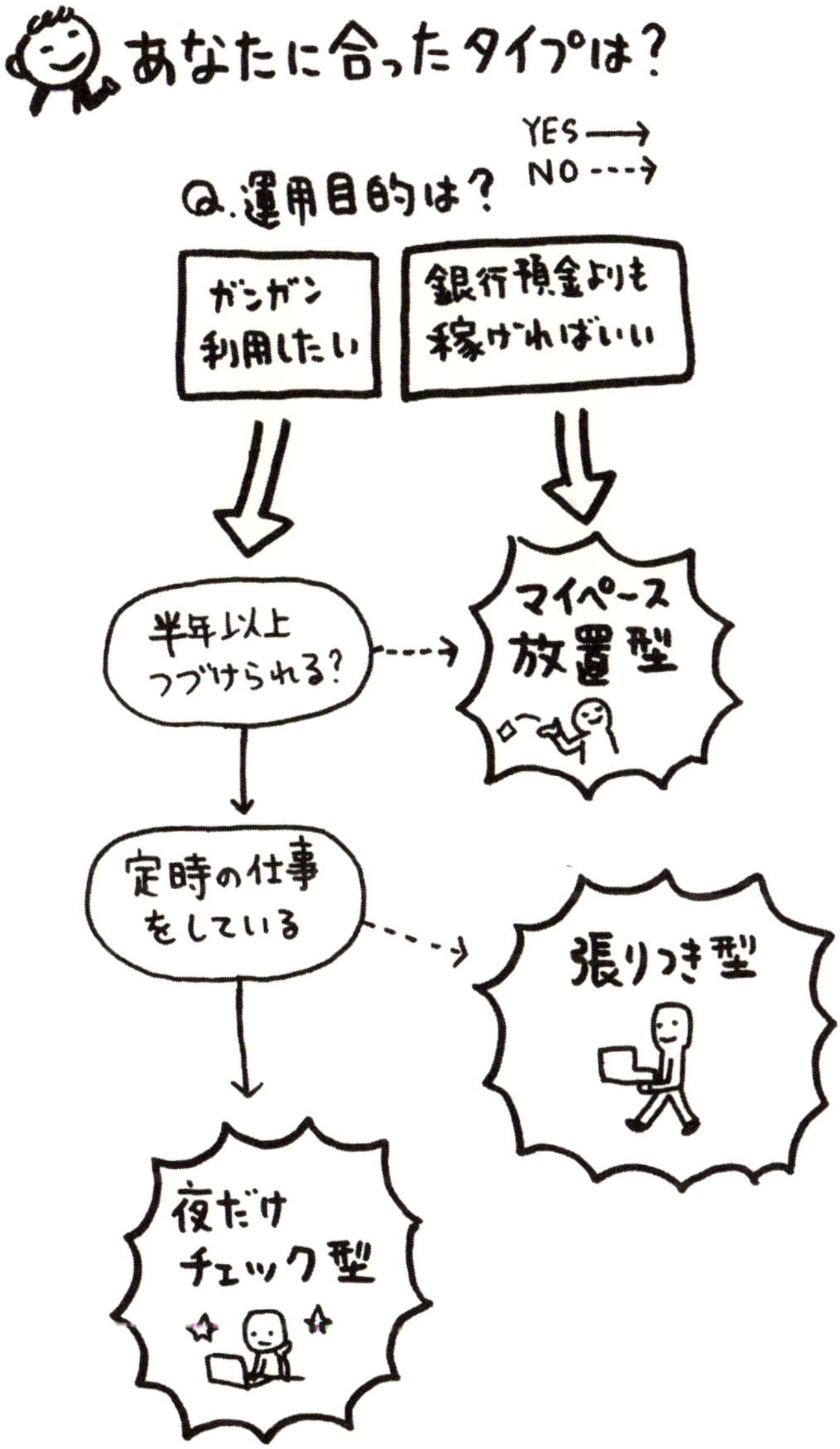
あなたに合ったタイプは？
YES
NO
Q.運用目的は？
ガンガン利用したい
銀行預金よりも稼げればいい
半年以上つづけられる？
マイペース放置型
定時の仕事をしている
張りつき型
夜だけチェック型

○まめにチェックしたくない放置型

ＦＸで、ガンガン稼ぐぞ！　という積極的な運用をそもそも考えていない方や、そうしたいけど気力が持つかどうか不安な方は、「放置型」をオススメします。

「放置型」とは、文字通り取引を半ば放置するくらい、その日その日の運用成績を「見ない」ことです。

見ないって、円高になっても無視するってこと? そんなことできないよ!?

円高になって含み損を抱えるとすごく気になります。反対に円安になって含み益が出るとうれしくて仕方がないと思います。しかしこのタイプの方は、多少の含み損、含み益に一喜一憂してはいけません。

なぜなら、そもそもの目的が「銀行預金より良ければいいや」くらいの、安定運用を考えていたり、ガンガン稼ぐ積極運用を目指していても性格的・時間的にそれが無理だからです。

ですので、このタイプの方は、日々の為替レートを気にしなくていいような作戦を立てておく必要があります。

どういう作戦？

まず、投資期間を数週間～数か月の長めに考えておきます。その投資期間が終わった時に最終的に利益が出ていればＯＫと最初から割り切っておくのです。そうすれば、含み損が出ている日があっても、それほど慌てずに済むでしょう。

そして、狙う儲けポイントは「スワップポイント」です。ＦＸは「スワップポイント」と「為替変動」の両方で稼げることは既に説明しました。この２つのうち、「スワップポイント狙い」で取引をするんです。

両方狙っちゃいけないの？

為替変動で儲けようとすると、どうしても日々の値動きが気になってしまいます。為替差益の方が、スワップポイントよりも大きく利益を上げられる可能性が高く、魅力的に映ります。ただし、為替差益を得るためには、含み益が出たタイミングでしっかりと売る（「利食い」といいます）ことが重要なので、放置型では無理です。

結果的に為替差益でも儲かったということはありますが、最初からそれを狙ってはいけません。スワップポイントに主眼を置いて取引をします。

そして、あと2つ大事なことがあります。これは前に、ＦXをする上での「心構え」として紹介したものです。

ひとつ目は、レバレッジを高くしてはいけないということ。もうひとつは、相場が乱高下している時、下がっている時は取引をしないということです。

前に説明した通り、レバレッジを高く設定していると、リスクが高くなると同時に、マージンコールやロスカットが発生しやすくなります。

放置型の目的は、あくまでも放置しながら銀行に預金しておくよりも高い利益を得ることです。「ロスカットが発生するかも」とビクビクしていては、放置なんてできるわけがありません。

最後にもうひとつ、相場が下がっている時はもちろん、乱高下している時は取引を開始してはいけません。これもロスカットの確率が高くなります。興味を持ったら、すぐに取引を開始しないと、損をするような気分になる方もいると思います。

しかし、わざわざ値が下がっている時に取引を開始することは、あえて損をしようとしている、ということと同じです。昔から「休むも相場」といわれますが、特に「放置型タイプ」の方は、取引タイミングを伺って「待機する」ことも必要です。

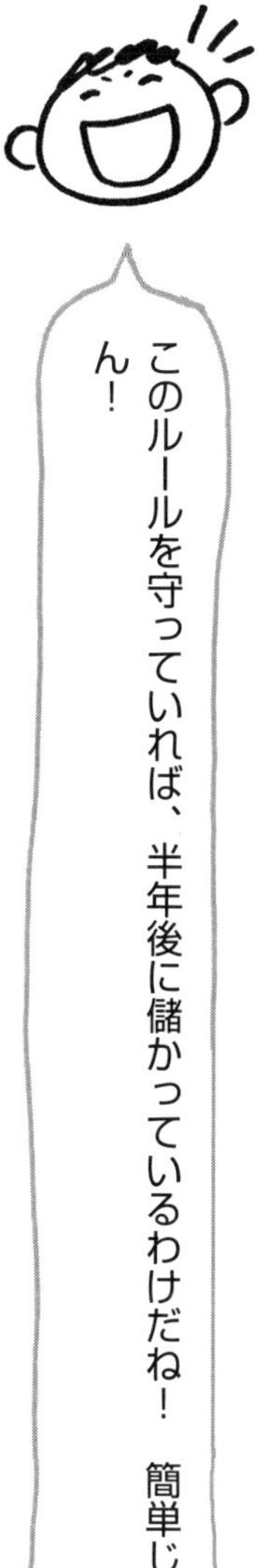
このルールを守っていれば、半年後に儲かっているわけだね！　簡単じゃん！

これらのルールは大原則、必須条件としてとらえていただきたいのですが、これだけで確実に儲かるわけではありません。為替は日々動き、世界中で予想不能な出来事が起こります。仮に円安トレンドの時に、レバレッジを低くして取引を開始したとしても、いつ円高になるかわかりません。

そのため、「放置」といっても、定期的に為替の状況をチェックする必要はあります。自分が想定したトレンドは変わっていないか、確認しなければなりません。そしてトレンドが変わりそうであれば、たとえその時点で含み損が出ていたとしても、売って取引を終了させることが必要です。

○仕事が終わって夜だけチェック型

ＦＸでガンガン稼ぎたい、継続的に勉強していく意欲もあり、３日坊主では終わらないという方は、日々の相場を見ながら取引してもいいと思います。ですが、日中は時間がとれない。その場合には、夜など空いている時間に限定して、集中して取引を行います。

毎日取引画面を開ける方は、放置型よりも短期の取引が可能になります。放置型のようにスワップポイントを狙った中長期の取引もできますが、同時にデイトレード的に為替変動を狙った取引も可能です。

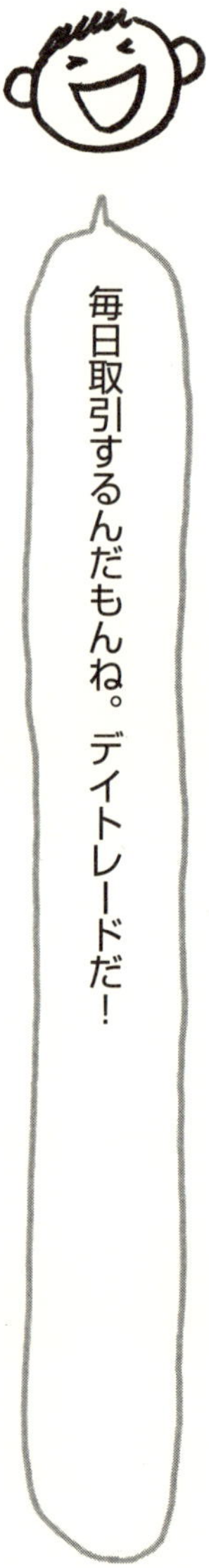
毎日取引するんだもんね。デイトレードだ！

でもひとつ注意があります。

その日始めた取引を、その日のうちに終了させれば損も利益もその日中に確定しますが、開始した取引を次の日まで持ち越した場合、次の日の日中に何が起こるかわかりません。もしかしたら、仕事で忙しい時間帯に円が高騰するかもしれません。

実際、昼間の数時間で為替が1円～2円動くことはよくあります。この間にロスカットが発生してしまうこともあり得るんです。こうなると毎日落ち着いて仕事や家事に向かうこともできませんね。

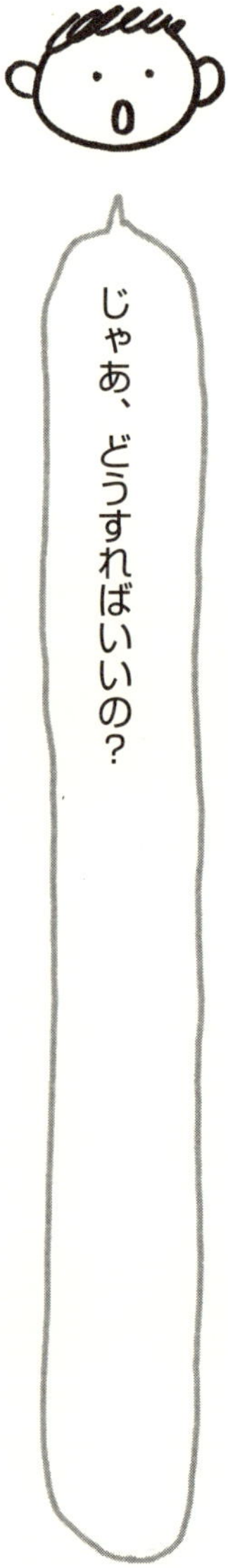
じゃあ、どうすればいいの？

こういう方は、「ストップ注文」をかけることでリスクを回避できます。ストップ注文をかけておけば、この値段になったら売るという注文をあらかじめ出し、損が出る範囲を決めておける。知らない間に損が膨らむということもなくなります。

ストップ注文は、スタイルに関わらず、全ての取引にかけておくべきものですが、特に「夜だけチェック型」の方は必要不可欠です。

○いつでも時間が取れる張り付き型

ＦＸでガンガン稼ぎたい、継続的に勉強していく意欲もあり、３日坊主では終わらない、さらに、いつでも時間がとれる方は、常に為替レートをチェックしつつ、デイトレードを行う「張り付き型」で取引するのもいいと思います。

ＦＸは株と違って、24時間取引ができますから、気が向いた時に取引ができます。ただ、デイトレードで狙う儲けポイントは、スワップポイントというより、為替変動になります。これは私見ですが、初心者の方が中長期的に為替変動で利益を上げるのはかなり難易度が高いと思います。

もちろん、運よく円安になり、儲かることもあります。ですが、あくまでも「運がよかった」だけで、それが続くと考えては危険です。

仮に最初の1週間で10万円儲かったとしても、1か月の利益は、「10万円×4週」とは絶対になりません。2週目は「マイナス5万円」、3週目は「プラス3万円」、4週目は「マイナス6万円」のような感じで、1か月全体で見ると、実は損をしていたということも多々あります。

デイトレードを実施する際には、ビギナーズラックは長くは続かない、ということを意識した上で行うことをオススメします。

はじめての
FX
1年生

7時間目
なぜ失敗したのでしょうか？

はじめての
FX1年生
7時間目

なぜ失敗したのでしょうか?

ここで、実際にFXを始めた人たちがどのように取引をしているか、のぞいてみることにしましょう。

ここでは、成功事例ではなく、失敗事例を取り上げます。FXで損をした人は、一体なぜ損を出してしまったのか、どこに注意をすればよかったのか、を調べます。

ケーススタディ

1 Aさんはなぜ損をしたのか(為替変動で損)

FX初心者のAさんのケースです。

Aさんは、株や投資信託など、金融投資に興味があり、いろいろな本を読んでいます。まだ取引経験はありませんが、自分ではうまく儲けられると考えていました。

【1日目】初めてのドル買い

ＦＸを開始しようと思ったのは、半年前。口座の開設も終わっています。ただ、なんとなく最初の一歩が出せずに、まだ行動に移していません。

しかし、新聞やテレビで円安ドル高のニュースを聞くたびに、焦っていました。そして、１ドル１２４円に達した日に、「これからもこの調子で円安になる！」と確信し、ドル買いに出ました。

【5日目】円高に

ところが、今まで一方的に下がり調子だった円相場ですが、Ａさんがドルを買ってから間もなく、円高に動き始めました。

Ａさんは焦りました。そして自分を安心させるために、こういい聞かせました。

「今まで下がり続けてきたのだから、これからも下がる。円高は一時的なもので、すぐにまた円安になる！」と。

【15日目】ますます円高が進む

初めてのドル買いから2週間がたちました。当初円安傾向だった相場は、Aさんがドルを買ってから円高の流れに。それは2週間たっても変わっていません。

当初は、「またすぐに円安になる」と考えていたAさんでしたが、今ではその自信もなくしています。

そして、最近は為替レートのチェックもおろそかになり、FXの取引画面にアクセスすることも減ってきました。為替レートを見てしまうと、また円高になっているかもしれないし、FXの取引画面には、今自分がいくら損を抱えているかがはっきり書いてあるので、それを見るのが怖いのです。

しかし、気持ち的には負けを認めたくありません。「いずれまた円安になるだろう。その時に売れば損が出ないから大丈夫」と考えるようにし、しばらく放っておくことにしました。

●現時点での利益：マイナス30万円（含み損）

○Aさんの取引はどこが悪かったのか？

この取引で、実際の値動きが、Aさんが想定していたものと異なっています。Aさんは結果的に30万円の含み損を抱えてしまいましたが、なぜこのような結果になってしまったのでしょうか？

ここで、Aさんが想定していたポイントを整理します。

①相場は、どんどん円安になっていた。これからも円安になると思った。
②ドル購入後、円高になったが、またすぐ円安になると思った。
（※　損が膨らんできた時に、為替レートのチェックをやめている）
③いずれは円安になるので、その時に売れば損は出ないと考えている。

今回のケースで、Aさんが失敗した理由は、これに尽きると思います。

●相場の分析をする前に、焦って取引を開始した

ここで、Aさんが取引を開始する前約半年間の円ドル相場を見て下さい。

このチャートを見ると、円ドル相場は、1ドル101円～125円を上下しています。そして、この間に1ドル125円より安くなったことは1度もありません。

つまり、「1ドル125円より安くなる」とい事態は、ここ最近はなかなか起こっていなかったケースと考えることができます。

今回も例外ではなくて、1ドル125円を大幅に割って円安が進むことはなかなか考えづらかった。そのため、いくらそれまで円安が進んでいても、そろそろ「折り返し地点かも」と思わなければいけませんでした。

テクニカル分析の話だね。なるほど、確かに125円より円安にはなりづらいと考えるべきだったかも。でも125円が本当に折り返し地点かどうかなんてわからなくない？

いい質問ですね。後から振り返ってみれば、結果的にそこが「折り返し地点」だったわけですが、これは事前に把握できたこと

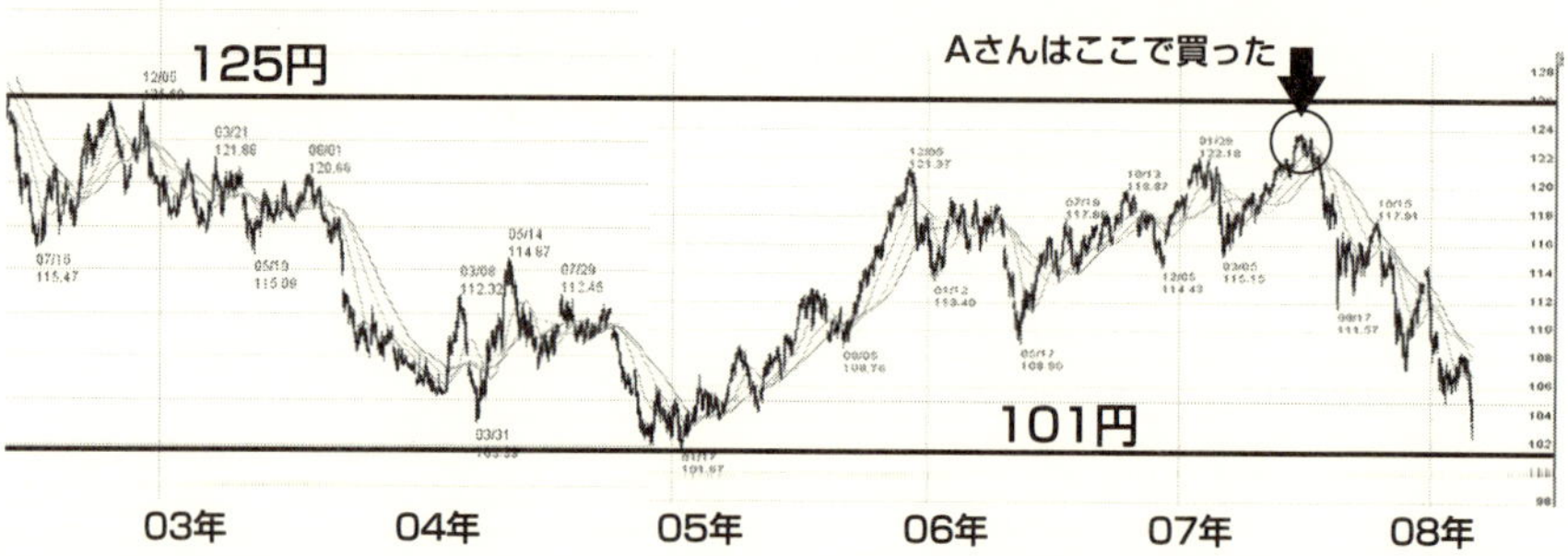
125円
Aさんはここで買った
101円
03年
04年
05年
06年
07年
08年

なのでしょうか？

結論からいうと、半分は予測可能、もう半分は結果論というべきだと思います。為替レートの動きを正確に予測できる人はいませんし、仮に過去、同じようなケースがあったとしても、今回もそれと同じ値動きをするとは限りません。

しかし、ある程度予測を立てることはできます。予測ができれば、この辺で円安は止まる可能性が高い、とイメージしておくことができます。

これは天気予報と一緒です。「明日は雨が降る確率は80％」といわれれば、雨が降ることを想定して、それに対応した動きをしますよね。

もしかしたら雨は降らないかもしれません。しかし、「降水確率80％」といわれているのに、あえてバーベキューの予定をその日に合わせるようなことはしません。事前にわかっていれば、それに合わせることができるわけです。

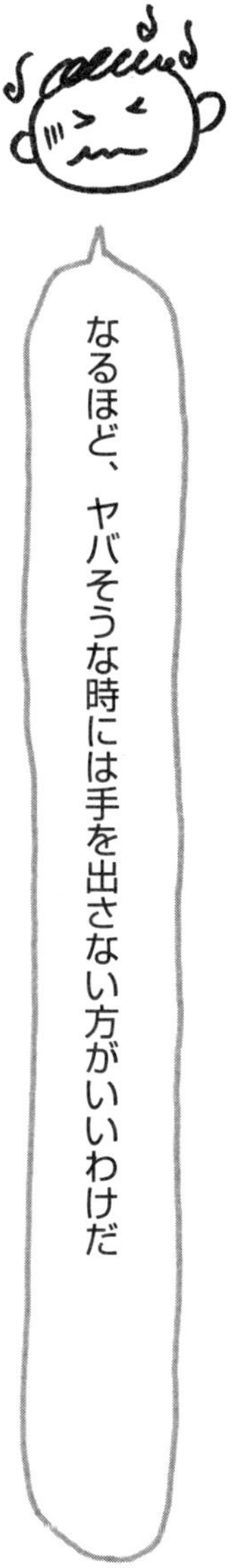
なるほど、ヤバそうな時には手を出さない方がいいわけだ

ＦＸに相当慣れるまでは、そういう考え方でいいと思います。ただ、それよりも何よりも、事前にちゃんと状況を分析することが大事なんです。

Ａさんは、この事前の分析をやらなかったため、予想外の値動きに対応できず、ズルズルと負けていってしまったのです。

〈反省点〉

焦って取引をしてはいけない。これから相場がどのように動くか、ちゃんとイメージをつけてから取引をする

ケーススタディ

② Bさんはなぜ損をしたのか（手数料で損）

次はBさんの例です。

BさんもFXは、ほぼ初心者です。なんとなく世の中で流行ってそうだし、儲かるという話も聞くので興味はありました。

儲かったら何買おう♡
へへへ

ただ、Bさんは基本的に経済オンチです。経済ニュースを聞いても右から左に抜けているような感じで、全然身につきません。またお金の計算も苦手で、金利や手数料の話もよくわかりません。

友人からFXの概要を教わりましたが、それでも半分くらいしか理解できなかったため、「円安になれば儲かる」という概略だけ覚えることにしました。

「円安になれば儲かる」、「円高になったら損をする」ということだけ頭に入れて、口座に10万円入れて、取引を開始したのです。

【買った直後円安に】

Bさんがドルを買った後、運よく円安になりました。「含み益」が出たわけです。ただ、細かい計算が苦手はBさんは、含み益がいくらなのか、よくわかっていません。

ただ、最初から円安になったので、Bさんは安心して、そのまま少し様子を見ることにしました。

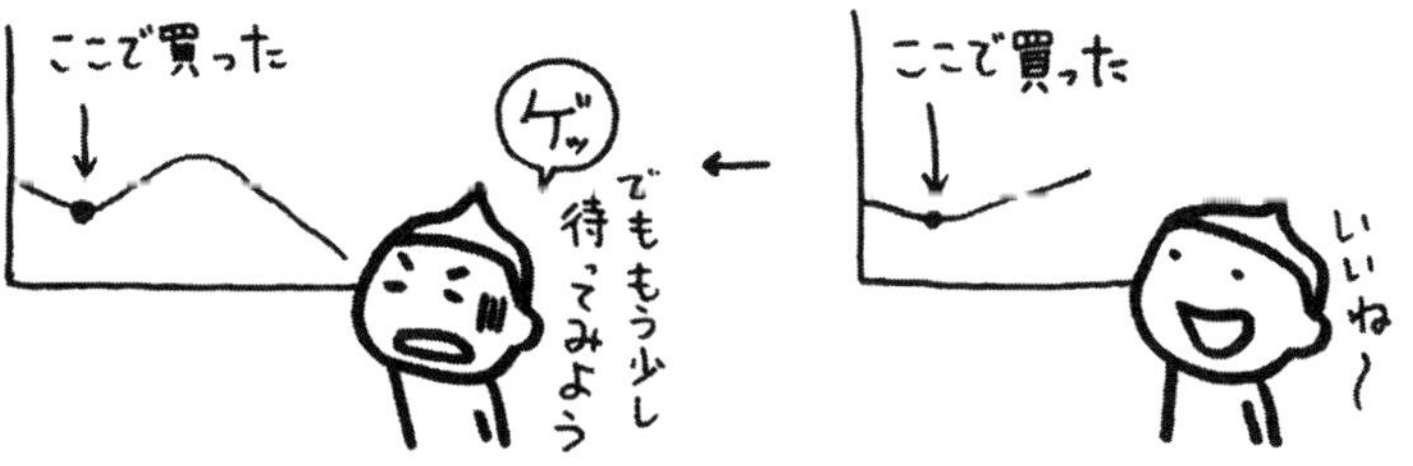
ここで買った
いいね～
ここで買った
ゲッ
でももう少し待ってみよう

【円高になって含み損を抱える】

幸先よく円安になり、含み益が出ましたが、残念なことにすぐに円高になり、Bさんは含み損を抱えることになってしまいました。

Bさんは不安になりながらも、どうしていいかわからず、再び円安になるまでじっと我慢するしかありませんでした。

【再び円安に。買い値を上回る】

Bさんがドルを買ってから、3カ月して、ようやくまた円安トレンドになってきました。そして遂にBさんが買ったレートよりも円安になったのです。

今まで不安だったBさんは「今しかない」と思い、持っていたドルを全て売り、取引を終了させました。買った時よりも少しだけ円安になっていたので、少しだけど利益が出た、とBさんは胸をなでおろしています。

ところが、いくら儲かったか確認しようと思い、取引画面を見てみると、なんと98,000円となっています。買った時よりも円安になっ

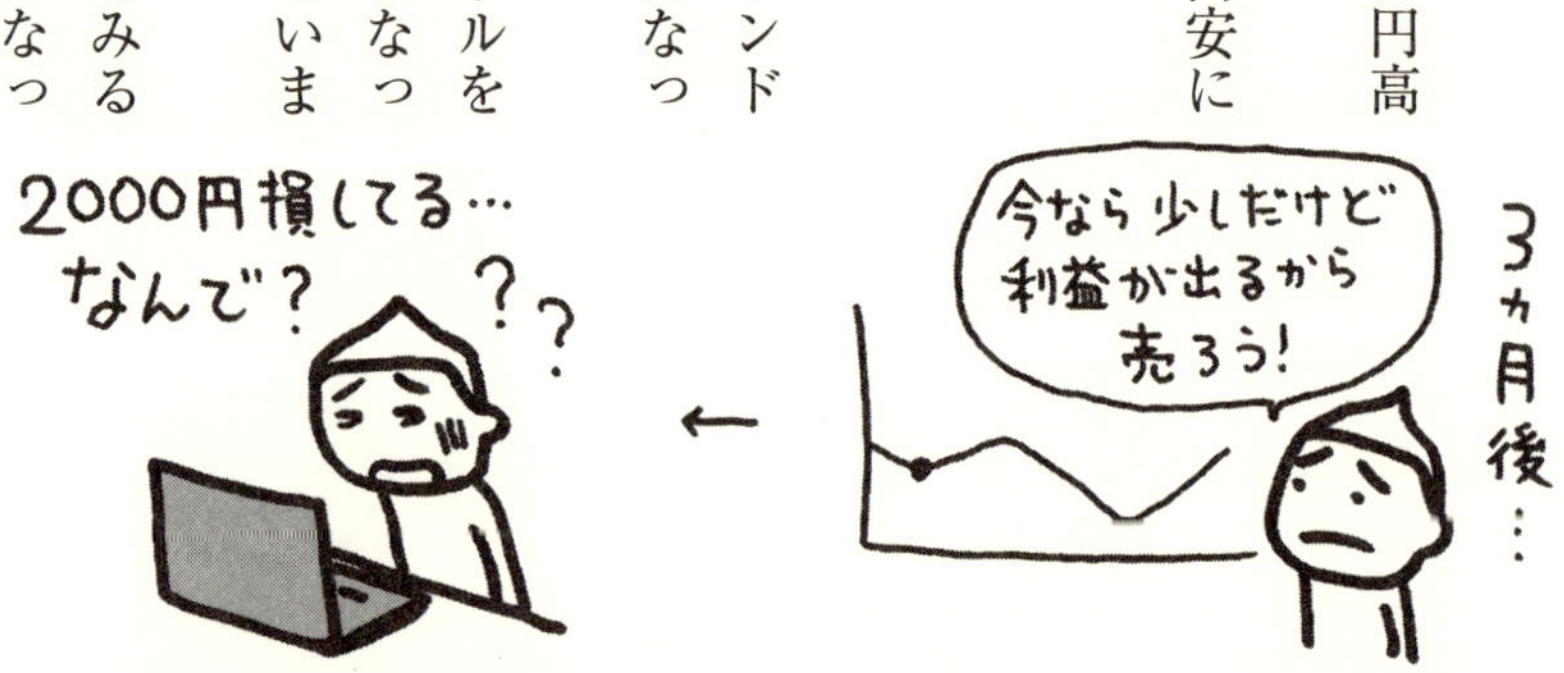

たから売ったのに、円安になったら儲かるはずだったのに、結果的に2，000円の損が出てしまっています。

「こんなはずじゃなかったのに……。やっぱりFXはよくわからないな……」

Bさんが再びFXの取引をすることはありませんでした。

●**現時点での利益　：　マイナス2000円**

○Bさんの取引はどこが悪かったのか？

このBさんの取引を振り返ってみましょう。ポイントを整理すると、このようになります。

①FXの基本ルールがわからないまま取引している
②手数料、スプレッドの存在を把握していない
③感情に負けて、含み損がなくなった段階ですぐに売ってしまっている
④2％（2000円）の損を過大視している

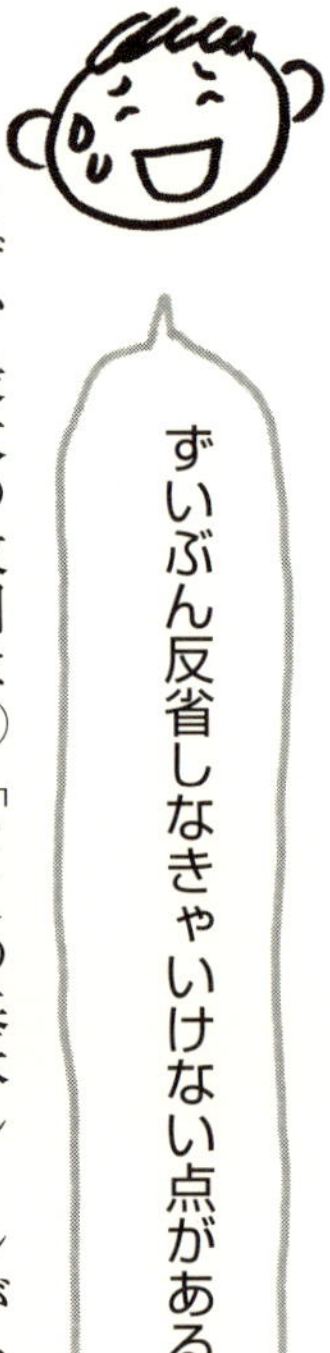
ずいぶん反省しなきゃいけない点があるね

まず、最大の敗因は①「FXの基本ルールがわからないまま取引していること」です。円安になれば儲かる、円高になれば損をするというのはもちろん基本ルールで知っておかなければいけないことです。

しかし、今まで説明してきたように、これだけではありません。「円安になれば儲かる」の前に、なぜ円安になるのか、どういう時に円安になりやすいのかなどを把握しなければなりません。その上で、今の流れは円安になりそうなのか、を判断した上で、取引を開始しなければいけませんでした。

続いて、②「手数料、スプレッドの存在を把握していないこと」です。前にも説明しましたが、手数料やスプレッドは、そっくりそのまま、運用利益から差し引かれるものです。運用成績がプラマイゼロだったとしても、手数料・スプレッドの分だけ損をします。ここも重要なポイントです。

そして、③と④ですが、これは投資に慣れていない方がよく陥ってしまうことだと思います。もともと投資は儲かるものと考えているので、損が出た時に感情的に慌ててしまうのです。また取引前に描いていた期待が高いため、ちょっとでも損をすると、「こんなはずじゃなかった、やっぱりうまくいかない」と結論付けてしまう。

え、でもうまくいかなかったことは事実じゃない？

投資の世界では、「小さく負けて大きく勝つ」ということが重要とされます。つまり、取引で全勝することは当初から無理と考えられ、大半の取引で負けて損を出したとしても、一部の取引で大きく利益を出して、トータルで稼ごうというスタンスなんです。

そう考えると、Bさんの「マイナス２０００円」は、「小さい負け」にあたります。負けたことは悔しいと思いますが、これは「普通」のことなんです。この程度の損はよくあることですし、この負けを怖がってしまうと、大きく勝つこともできなくなってしまいます。

〈反省点〉

手数料、スプレッドの重要性をちゃんと理解しておくべき。マイナス2％程度の損は、常に起こりうる。このくらいの損は「想定の範囲内」と認識し、怖がってはいけない。

③ Cさんはなぜ損をしたのか（レバレッジで損）

次はバリバリのキャリア組、Cさんのケースです。Cさんの状況を整理すると、
①ＦＸは儲かるという話を聞いて、興味を持った
②経済の知識は豊富。日経新聞も毎日読んでいる。
③手持ち資金は１００万円
④できるだけ高いレバレッジをかけて取引をしたいと思っている
⑤日中は仕事で忙しく、デイトレードはできない

このような感じです。
Cさんがどのような結果になったか見てみましょう。

【ＦＸを今すぐ始めなきゃ！】

Cさんは友人からＦＸで数十万儲かったという自慢話を聞き、ＦＸに興味を持ちました。と同時に、ＦＸを知らなかった自分が損をしていたような気にもなり、精神的に焦っています。

新聞読んでるから
大丈夫！

事前の準備を比較的入念にやるCさんは、実際に取引を開始する前に、知識を詰め込みます。本屋さんに並んでいるFX入門書を何冊も大人買いし、一気に読み切りました。

FXの儲けポイント、損ポイントを理解し、手数料やスプレッドの安い業者を選び、口座を開設します。レバレッジをかけると、リターンも大きくなるが、その分リスクも増えることも理解できました。

Cさんは大きく儲けることが目的で、FXを開始しました。年率数%のスワップポイントには目もくれず、相場をとらえて為替変動で儲けることしか考えていません。

【儲けの皮算用】

ここでCさんは「儲け」の皮算用を始めました。

「今日の相場は、1ドル100円。手持ちの100万円を全てFXにつぎ込もう。レバレッジはリスクが高いから、3倍程度にしておくか。

そうすると、300万円分のドルが買えるから、3万ドルだな。

為替が3円、円安になったとすると、1ドル103円×3万ドルになるから……

あれ？　9万円しか儲からないのか。案外少ないな。これじゃつまらない。もっとドカンと儲からないとなぁ。

よし、もうちょっとレバレッジを高くしてみよう。レバレッジは5倍、いや20倍にしよう。いつも新聞を読んでるから、相場の大枠の流れはわかる。そんなに外れないだろうから、大丈夫だ。

で、レバレッジを20倍にすると、2000万円分のドルが買えるから、20万ドルだな。ここで、3円、いやいやもっと動く可能性はあるぞ。5円、円安になったとしよう。とすると利益はどうなるか……。

5円の円安×20万ドルだから、50万円の利益！　毎月これだけ儲かるようにがんばろう。」

皮算用をしている間に、Cさんはどんどん欲が出てきて、結局レバレッジを20倍にして取引を開始しました。冷静に判断していた時は、「3倍」としていたのに、欲に負けて、レバレッジ倍数を上げてしまったのです。

しかもCさんは、経験もないのに「自分は相場が読める」と豪語しています。もともとドカンと儲けることが目的ですし、かなり強気な姿勢で取引に臨んでいます。そんなCさんですので、リスクヘッジのためのストップ注文はかけずに取引を進めています。

【出張と接待で相場をチェックできない夜が続く】

もともとCさんはかなりのハードワーカーで、仕事もできる人です。本業のサラリーマンとしての仕事も、バリバリこなし、忙しい毎日を送っていました。

そのため、毎日帰宅後の深夜にFX取引をしていましたが、ここのところ、出張や接待などで、相場のチェックができないことも増えています。

【知らない間にロスカット】

ある朝、Cさんが会社近くの喫茶店で、二日酔いの頭を覚ますために、強めのコーヒーを飲みながら日経新聞を開くと、そこに衝撃の文字がありました。

「円急騰」

大幅な円高になったという意味です。前の晩に、突如円が大幅に値を

上げたのです。FXでドルを買った時には、円高ドル安になると、損をします。しかもCさんはレバレッジを20倍にしていたので、影響が非常に大きいです。

Cさんは焦りました。しかし、会社でFXの取引画面を見ることはできません。仕事もいつもどおり、息つく間もなく次から次へとこなしていかなければなりません。常に相場のことが気になりながら、何とかその日1日を乗り切りました。

急いで自宅に戻ったCさんは、まっさきに現在の評価額を確認しました。結果、円高が進んだために、持っていたドルは強制的に売却されていました。つまり「ロスカット」が発生していたわけです。

Cさんはこの時初めて知ったのですが、Cさんが使っているFX業者では、自分で入金した保証金の70%まで損が膨らむと、ロスカットが発生するルールになっていました。

残った資産は元金の30%、30万円です。つまり、70万円も損をしてしまいました。

●現時点での利益：マイナス70万円

○Cさんの取引ではどこが悪かったのか？

Cさんは毎日、日経新聞も読んでいて、ある程度経済の知識も持っています。それなのに、なぜ大金を失ってしまったのでしょうか？ Cさんの取引を振り返ります。

毎日、新聞読んでても、損しちゃうのか……

この場合、新聞を読んでいるかどうか、経済の知識があるかどうかは、あまり関係がなかったと思います。この取引で悪かったところを箇条書きにすると、

①欲に負け、高いレバレッジをかけていた
②ストップ注文を出していなかった
③自分に合った取引スタイルをとっていない

このようなことが挙げられます。

まず、「①欲に負け、高いレバレッジをかけていた」。当初、Cさんはレバレッジ

のリスクを理解し、低いレバレッジで取引しようとしていました。

しかし、利益の皮算用をしているうちに、「もっと儲けたい」という気持ちが強くなり、冷静な判断ができなくなっています。

ＦＸはギャンブルとは違い、ドキドキ感を味わうために行っているわけではありません。儲かっている自分を想像するのは楽しいことですが、冷静さを失っては勝てる投資にも勝てなくなってしまうので、十分注意が必要です。

そんなこといったって、自分のお金がかかっているんだから、仕方ないよ。常に冷静沈着でいるなんて誰だって難しいよ

そうですね。それはそう思います。誰だってお金がたくさん増えればうれしいですし、損をしたら嫌です。

なので、自分の代わりに冷静な判断をしてくれる仕組みを用意しておく必要があるのです。それが「ストップ注文」なんです。

なるほど、Cさんは欲が出て自分の感情に負けてしまったんだね。ストップ注文を出しておけば、それが防げたわけだ

さらにまた、今回のCさんのケースのように、自分が見ていないうちに損が膨らむということも避けられます。ストップ注文を出しておけば、ここまで損をすることはなかったのです。これが敗因の2つ目です。

そして最後に、「③自分に合った取引スタイルをとっていない」ということが挙げられます。Cさんは本業の仕事が忙しく、毎日FXの取引をできるわけではありません。それは最初から予想できたはずです。

毎日トレーディングできないとしたら、ある程度時間に余裕を持たせて、中長期の投資をすべきです。いくら儲かる可能性が高い投資でも、自分がそれをうまく管理できなければ、すべて台無しになってしまいます。

〈反省点〉

欲に負けて高レバレッジをかけてしまった

自分の生活スタイルに合っていない

以上、3人のケースを見ていただきました。この3人の失敗談には、みなさんが陥りやすい「損ポイント」が織り交ぜられています。

もちろん、これだけではありませんが、この3人がなぜ損をしてしまったかを理解すれば、少なからず皆さんご自身の取引に役立つと思います。

はじめての
FX
1年生

8時間目
反省点を活かして取引しよう

はじめての
FX1年生
8時間目

反省点を活かして取引しよう

失敗談を通して、陥りやすいやすいポイントを整理しました。「やってはいけないこと」がわかりましたね。なので、今度は逆に、「どういうことをしなければいけないか」をポイントで整理します。一緒に考えていきましょう。

【チャートを見て、1ヶ月後の為替レートがどうなっているか予想してみる】

まずはここからスタートです。すでにご紹介したように、為替レートの分析には「ファンダメンタル分析」と「テクニカル分析」があります。ただ最初は難しくて何が何だかわからないと思います。特に国際経済を立体的に把握しなければできないファンダメンタル分析は難易度が高いです。

ですので、とりあえず基本的なテクニカル分析だけをやりましょう。次のチャートを見てください。これは2008年7月～8月の日足チャートです。

まず、このチャートを見て、現在が「上昇トレンド」か「下降トレンド」か「もみ合い」かを判断してみてください。

この期間は、全体的に見ると上がっているね

そうですね。この期間はドル高トレンドといってよさそうです。この期間の終わり値は「109円8銭」でした。ここからスタートします。ここから1ヶ月後先の為替レートを予測してください。

うーん、今までずっとドル高になってきたから、これからもドル高が続くだろう。この調子でいくと、110円以上になりそうだ

ドル高（円安）のトレンドが続くと考えたわけですね。では、ドルを買いますか？

よし、買おう。1ドル115円になるはずだ

了解しました。1ドル109円で買えました。

ではこのチャートの続きを見てみましょう。

【想定通りの値動きをしているか確認する】

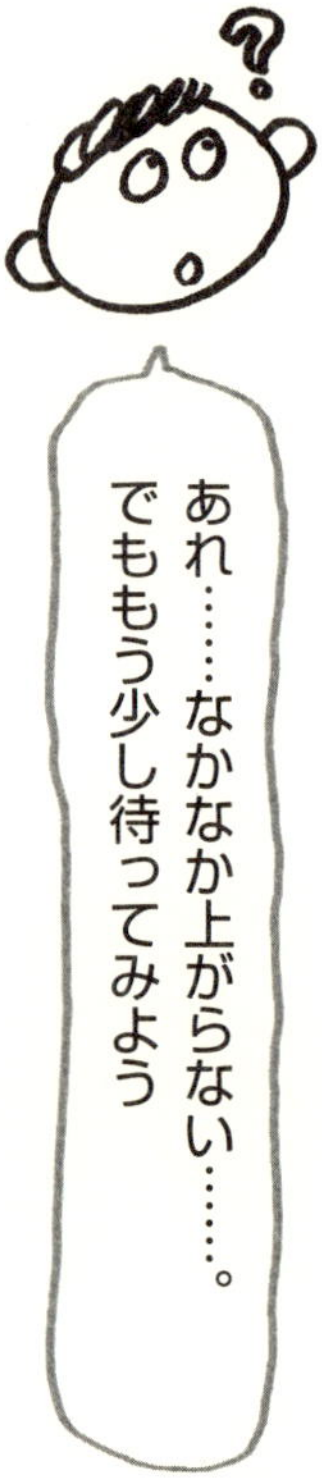
あれ……なかなか上がらない……。でももう少し待ってみよう

買った日
08/15
110.66
07/16
103.77
8月
111.3
110.6
109.9
109.2
108.5
107.8
107.1
106.4
105.7
105.0

ここは黄色信号です。もともと「115円くらいまで円安になる」と想定して取引を始めました。それまでは流れとしてドル高（円安）傾向でしたが、思ったように円安になっていかない。想定と違うことが起きているわけです。

この時点では損も出ていませんので、必ずしも取引を手仕舞《てじま》う（終わらせる）必要はありません。しかしいつでも売れるように準備はしておいてくださいね。

うーん……円安になっていくと思うんだけどな……

【想定と違う値動きをしたら、損切りをする】

では、チャートの続きをご覧ください。円高になってしまいました。この日の終値が「1ドル107・5円」ですから、みなさんは1％の含み損を抱えてしまっています。

大変だ、もうこうなっちゃったら売れないよ

それは逆です。今すぐ売って、これ以上損が確定しないよう「損切り」をしなければいけません。含み損を抱えると、値が戻るまで待とうとする方が多いですが、ここで損切りをしなければなりません。

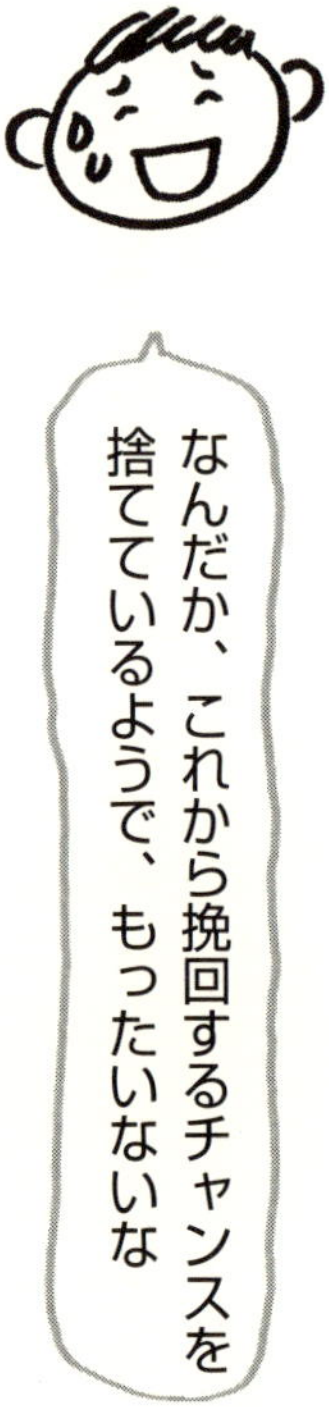
なんだか、これから挽回するチャンスを捨てているようで、もったいないな

その気持ちもわかりますが、損切りは通算で利益を上げるために必要なことです。ためしに、この段階で損切りをしなかった場合、どうなっていたか、続きを見てみます。

もし損切りができず、ズルズルと来てしまったら、9月の半ばの段階で元金の４％を失っていたところでした。損切りはこのような大幅な損を防ぐために必要不可欠なんです。

今回はレバレッジを考えていませんが、たとえばレバレッジを10倍にしていれば損も10倍です。

（１４８ページの表を再度確認してみてください）

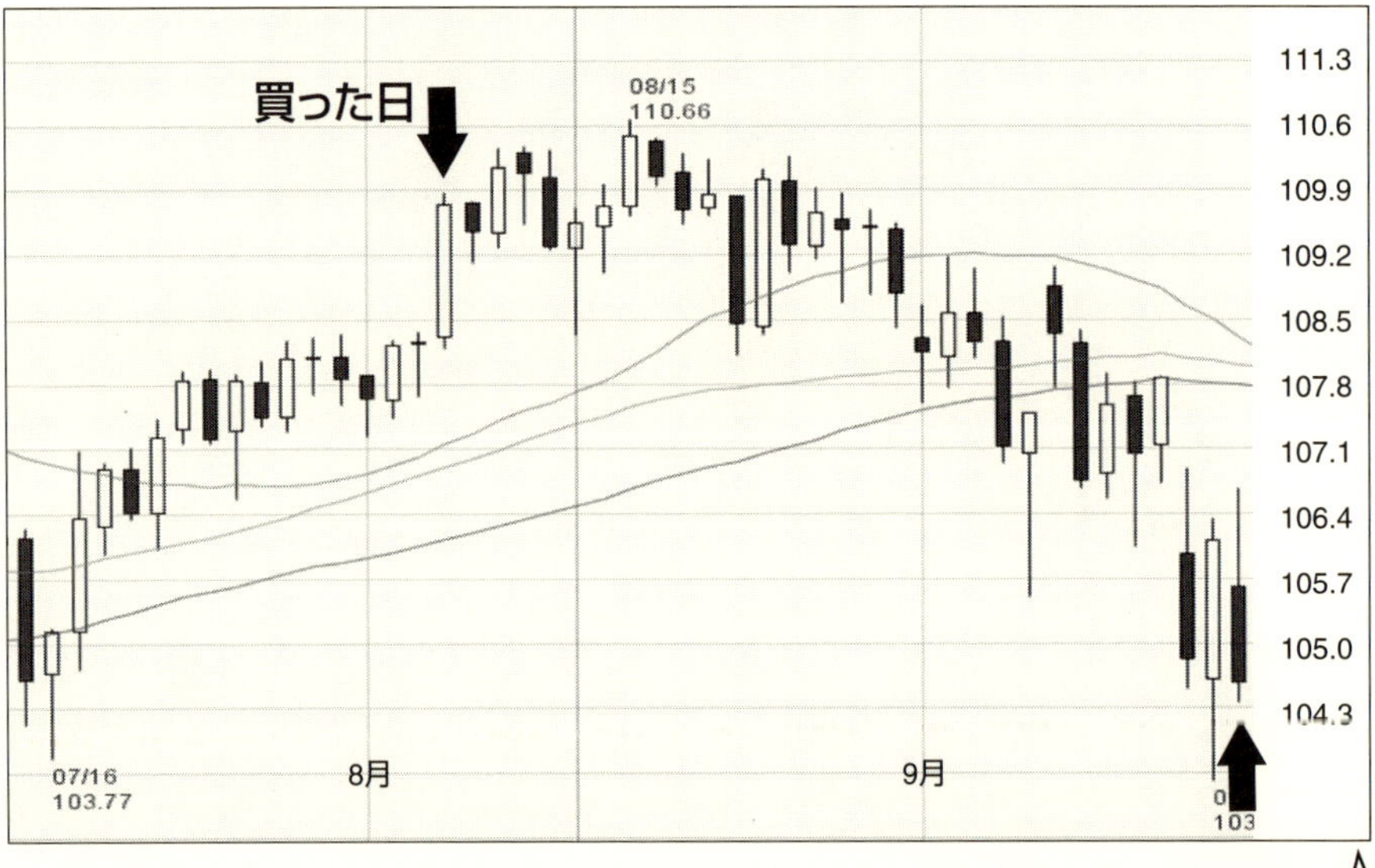
買った日
08/15
110.66
111.3
110.6
109.9
109.2
108.5
107.8
107.1
106.4
105.7
105.0
104.3
07/16
103.77
8月
9月
103

【もし想定通りの値動きをしたら？】

もし思った通りに1ドル115円になっていたらどうすればいいの？

最初のうちは、狙ったレートになった時に売ってしまうのもありだと思います。感情をはさまず、最初に決めたことを機械的に実行するのはすごく大事です。

もしくは、狙ったレートになった段階で、「第2の目標」を設定する方法があります。その時点で改めて「今後の為替レート」を予測するんです。そして「1ドル115円までいく」と思えば、そこを目標価格に設定しなおせばいいんです。

先ほどと同じ話ですが、仮に「1ドル115円になる」という想定が外れて、為替が違う値動きをした場合、損切りをします。

【この取引の流れをあらかじめ「予約」しておく】

そして、最も理想的なのは、今説明した動きを全てあらかじめ決めて、最初にドルを買うと同時に、売りの予約を出しておくということです。

改めて整理すると、こうなります。

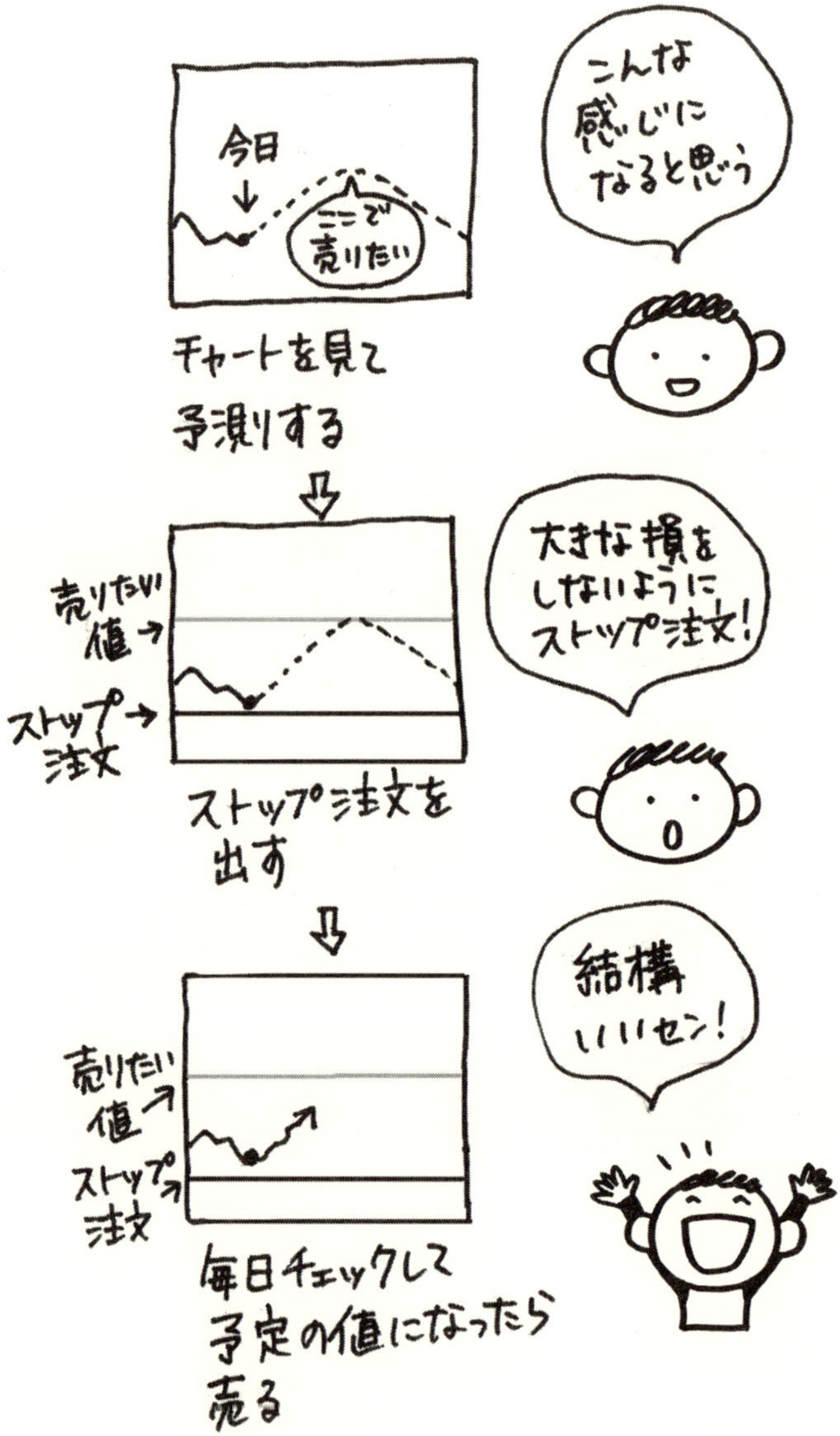

毎回この通りにやっていけば、知らない間に損をすることもなくなり、また自分がどうして儲かったのか、どうして損をしたのかが、だんだんわかってくると思います。

ただ、比較的単純な作業の繰り返しですが、なかなか継続するのが難しいのも事実です。最初は意識してこの手順を踏むようにがんばってください。

ここで便利なのが、「OCO（オーシーオー：One Cancel the Other Order）注文」です。「OCO注文」は、2つ同時に注文を出して起き、片方が成立したら、もう片方は自動的にキャンセルになる注文スタイルでした。

この「OCO注文」を使うと、例えばこんなことができます。

今日買ったドルが目標レートまで値上がりしたら、利益を確定させるために売りたいと思っています。もし、予想に反して値下がりしてしまったら、それ以上損をしないように、売りたいと思っています。つまり、値上がりしても値下がりしても、いつかは売ることになりますが、今日の段階ではどちらになるかわかりません。そこで両方の場合を想定して注文を出しておくのです。そして、為替が動いてどちらか注文が約定したら、自動的にもう片方の注文はキャンセルになる。

このOCO注文を出しておけば、欲に負けず冷静に取引を行えます。

OCO注文のしくみ

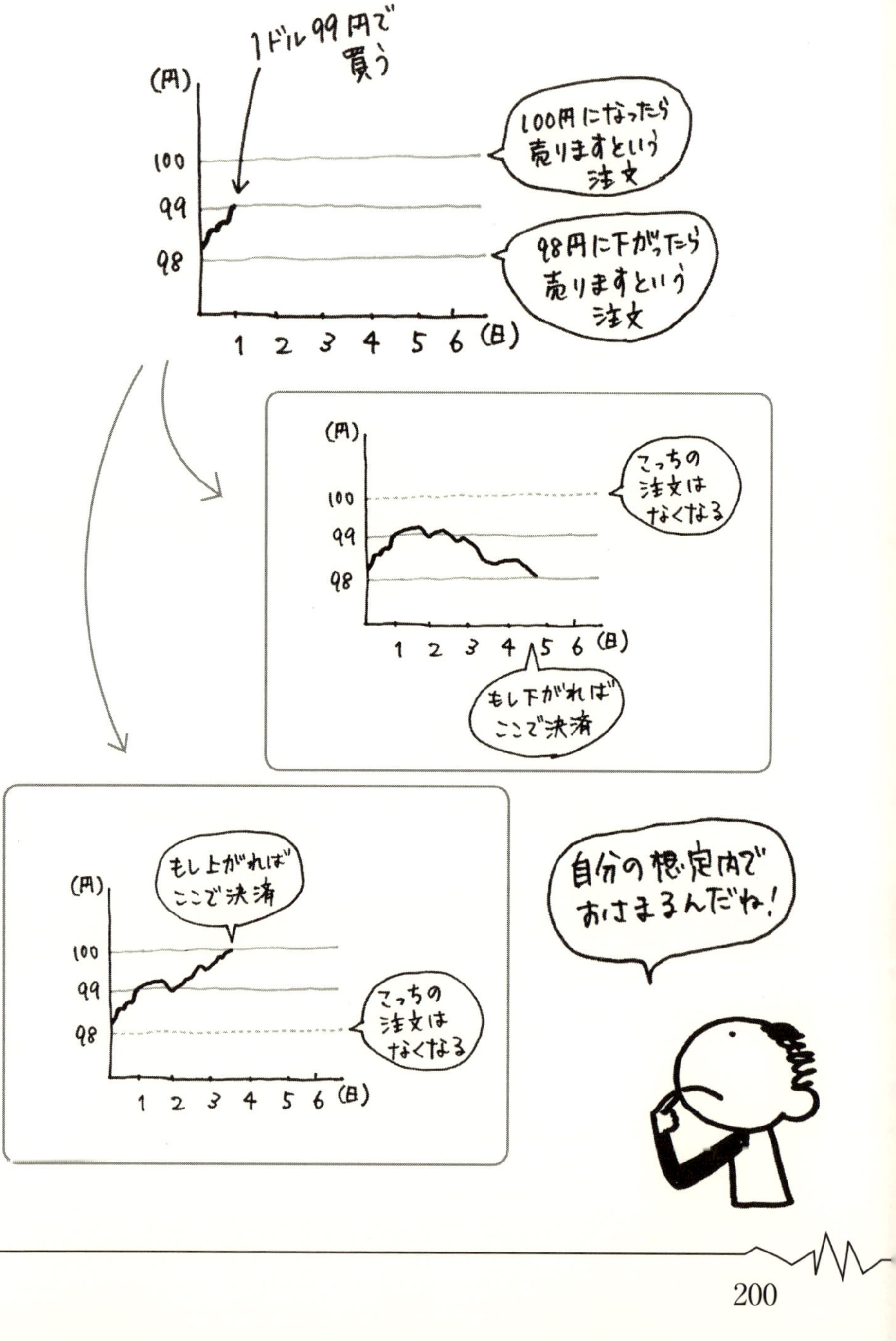
1ドル99円で買う
(円)
100
99
98
1 2 3 4 5 6 (日)
100円になったら売りますという注文
98円に下がったら売りますという注文
(円)
100
99
98
1 2 3 4 5 6 (日)
こっちの注文はなくなる
もし下がればここで決済
(円)
100
99
98
1 2 3 4 5 6 (日)
もし上がればここで決済
こっちの注文はなくなる
自分の想定内でおさまるんだね!

9時間目
テクニカル分析

はじめての
FX1年生
9時間目

テクニカル分析

○テクニカル分析の考え方

今までFXの概要、投資の心得、注文操作方法などを説明してきました。ここまで読んで頂いてFX取引を開始するにあたって、何を狙って、どこに注意して、どういう姿勢で臨めばいいのか、わかっていただけたかと思います。

そして、この本の最後にテクニカル分析、チャートの見方について説明しておきます。

テクニカル分析は、過去の値動きを分析することで、これからどのように為替が動いていきそうかを判断する手法でした。主に過去の値動きを記したグラフ（チャート）を使って分析をします。

人によっては、経済や政治の情勢が関連するファンダメンタル分析よりも、チャートを分析するテクニカル分析の方を好みます。こちらの方が「投資っぽい」ですし、気軽にできそうな気がするからです。

ただし、テクニカル分析をマスターしようとすると、かなり大変です。それこそ数十種類の指標を暗記しなければなりません。また指標ごとに、「買い」のサインが出ていたり、出ていなかったりするので、どれを信じるかの判断は別途必要になります。

ですので、この本では、まず取引を開始するにあたって、基本となる本当に必要なものだけを紹介していきます。

○チャートの見方

テクニカル分析をする前に、改めてチャートの見方を説明します。

これが為替レートのチャートです。

○ローソク足

チャートは、表示する期間の長さによって、「日足《ひあし》」「週足《しゅうあし》」「月足《つきあし》」の3種類の表示方法があります。「日足」とは、値動きを「1日単位」で記載、「週足」は週単位、「月足」は月単位でそれぞれ記載します。

そして、このチャートに書かれている棒と線で表されたものを「ローソク足《あし》」と呼びます。ローソク足は、その期間の「始値」「終値」「最高値」「最安値」を示したものです。

「日足」のチャートでは、「その日」の為替がいくらから始まって最高／最低いくらになり、結局いくらで終わったかを、このローソク足でまとめて書いているんです。週足で表現したチャートの場合は、「その週」の値動きになります。

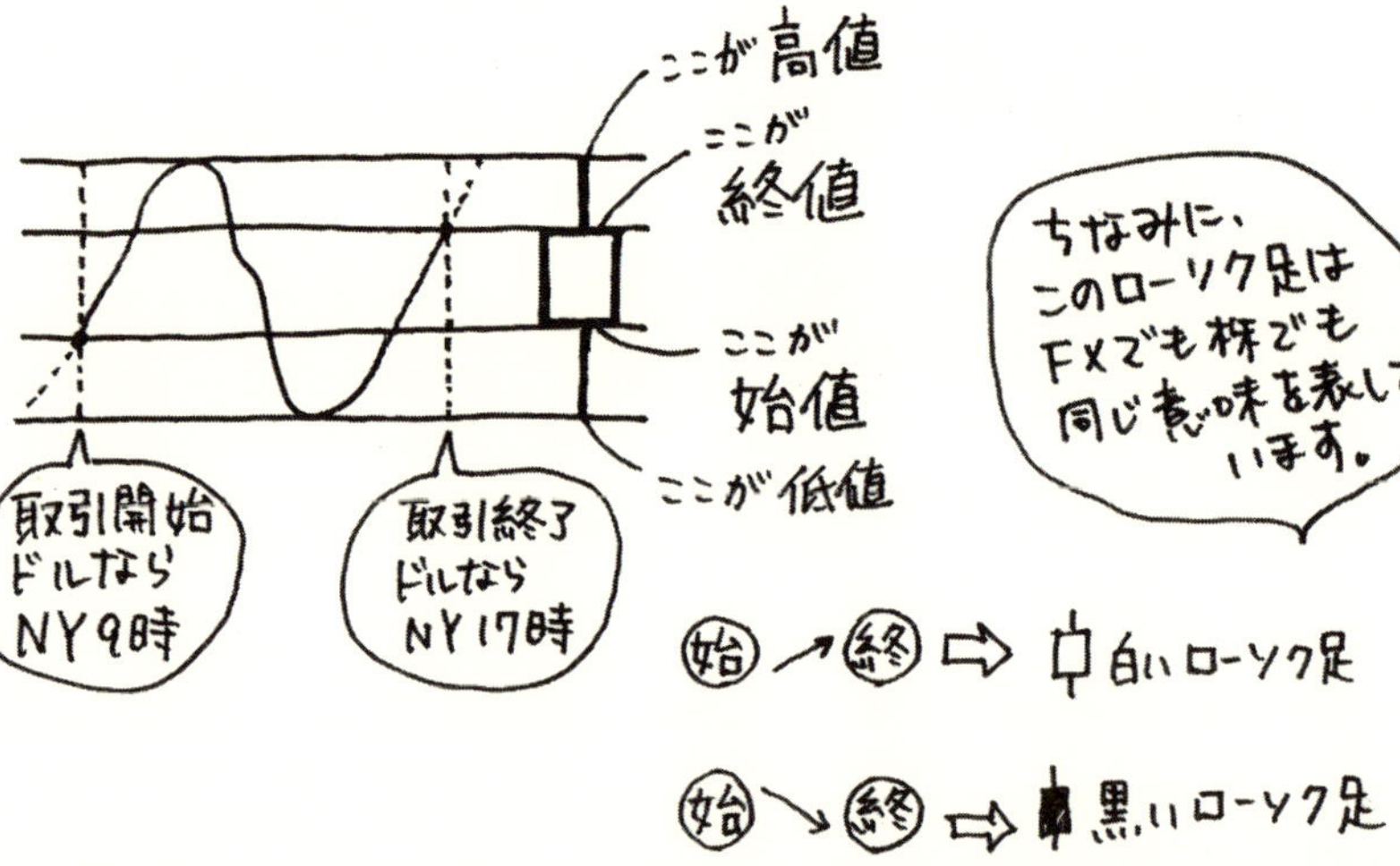

ここが高値
ここが終値
ここが始値
ここが低値
取引開始 ドルなら NY9時
取引終了 ドルなら NY17時
ちなみに、このローソク足はFXでも株でも同じ意味を表しています。
始→終 ⇨ 白いローソク足
始→終 ⇨ 黒いローソク足

この「棒」と「線」はどんな意味があるの?

この「棒」は、その期間の「始値」と「終値」を示しています。「日足」であれば、その「日」の始値から棒を書き始めて、終値のレートまで書きます。

そして、その期間が値上がりしていれば、ローソク足は「白」、値下がりしたら、「黒」で書きます。

じゃあ、この「線」は何?

この線は、「ヒゲ」といって、その期間の「最高値」と「最安値」がいくらだったかを示しています。仮に、始値が90円、終値が１００円だったとします。でもこの期間のレートが全て90円から１００円の間に収まっていたかというと、そうはいえません。一度１１０円になってから、１００円に戻ってきたかもしれません。

細かい説明は省きますが、この「ヒゲ」はテクニカル分析で分析の材料とされることがあります。その日の最初と最後がいくらだったか、だけではわからないことがあるんですね。

○移動平均線

チャートにもうひとつ、折れ線グラフが描かれているけど、これは何?

これは「移動平均線」といって、過去の値動きの平均を示しています。

チャートによっては、この移動平均線が何本か書かれている場合がありますが、それは平均をとる期間が違うだけです。一般的には、直近の過去25日間の終値を平均した「25日移動平均線」と過去75日間の平均をとった「75日移動平均線」があります。

この移動平均線を見ることで、相場がどちらの方向に向かっているのか、相場のトレンドがわかります。「25日移動平均線」は約1ヶ月間の短期的な動向を、「75日移動平均線」は、約3ヶ月間の中期的なトレンドを確認できます。

移動平均線を見ることで、現在相場がどっちの方向に向かっているかがわかるんですね。

それと同時に、もうひとつ大事なこともわかります。

その時のレートを全体のトレンドと見比べることができるんです。今日のレートが最近の「平均」と見比べて、平均から離れていれば、「買われすぎ」や「売られすぎ」と思われる可能性があります。

「買われすぎて、値段が高くなっているな」と思われれば、「もうすぐ値下がりするはずだから、今のうちに売ってこう」という判断ができます。反対に、「今日のレートは、平均と比べて、売られすぎているな」と思えば、

そのうち買われて、値が上がってくるだろうから、今のうちに買っておこうってなるんだね

その通りです。最近の平均値と比べることで、為替レートがこれからどうなっていきそうか予測がつくようになります。

まとめると、移動平均線を見ることで、

① 相場が上昇傾向にあるのか、下降傾向にあるのかのトレンドがわかる

② その日その日のレートが「買われすぎ」「売られすぎ」の判断もでき、これからどうなりそうか予測がつく

このような分析が可能になります。

○抵抗線と支持線

最後にもうひとつ重要なことを説明します。これはチャートには明示されていませんが、非常に大切な見方です。それは「抵抗線」と「支持線」です。

ＦＸでも株でも一緒ですが、相場は無数の投資家が自由に売買しています。人それぞれ考えていることは異なり、自由に売買するため、値動きには何の制限もなく自由に値が動くはずです。

でも、みんな自由に取引しているにもかかわらず、見えない壁みたいなのがあって、ここから上には行かない、ここから下には下がらない、というケースがあります。それがこの「抵抗線」と「支持線」です。

「抵抗線」とは、相場の「天井」のことで、「これ以上値が上がらない」ということを示しています。そして「支持線」とは、相場の「底」で「これ以上下がらない」という線です。

「これ以上上がらない」「これ以上下がらない」というのは、あくまでも「そういう可能性が高い」というだけで、絶対にそうなるわけではありません。ただその可能性が高いということなのです。

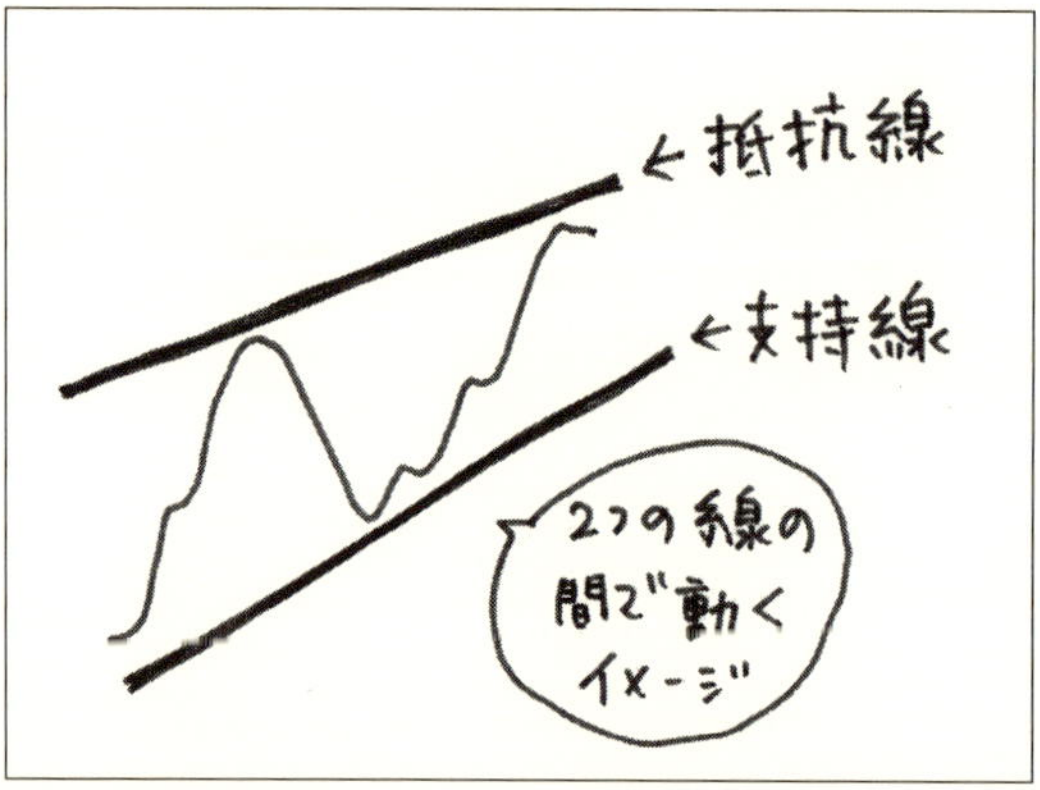

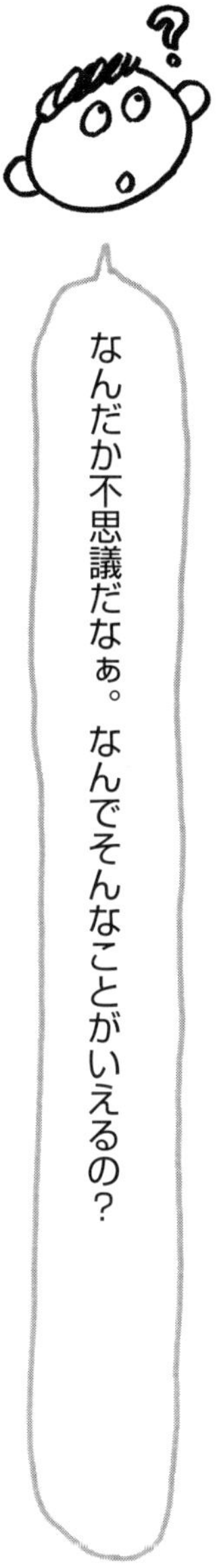
なんだか不思議だなぁ。なんでそんなことがいえるの？

抵抗線や支持線があるのは、取引をしている投資家であるみなさんの「心理」が反映されているからなんです。

たとえば、前回の底値が１００円だったとすると、「次回も１００円が底値なのではないか？」と予測する人たちが出てきます。そして、１００円まで値が下がると、「１００円が底値」と予想した人たちが買いに走ります。

その結果、１００円になった瞬間に「買い」が多くなるため、本当に「１００円」が底値になってしまう。みんながそのように「期待（予想）」するから、実際にそうなってしまう。このような現象を経済学では「期待の自己実現」と呼んでいます。

このように、取引をしている投資家がした予想が、見えない天井と底を作っているわけです。

ただし、この天井と底は絶対ではありません。抵抗線と指示線があるのは、先ほど説明したように、「今回も前回と同じでは？」と投資家が判断するからです。ですから、前回と同じとは到底思えないような状況になれば、前回の最高値や最安値は参考にならず、したがって抵抗線も支持線も意味がなくなります。

よく「相場に勢いがある時は、抵抗線や支持線を突き抜けて相場が動く」と説明されます。相場に勢いがあるかどうか、よくわからない時は、その時が「前回と同じ状況」といえるかどうかを見れば、ある程度判断できます。

前回と同じ状況かどうかって、何を見ればわかるの？

一番先に見るべきなのは、前に説明した「為替レートを動かす要因（↓P48）」です。これらの項目をチェックして、大きく状況が変わっているものがないか確認します。どれも大きく変わっていなければ、ひとまず前回と同じと考えてもいいかもしれません。

10時間目

投資の心構え

はじめてのFX1年生
10時間目

投資の心構え

○FXは利益の奪い合い

本屋さんに行くと、いろいろな「投資」の本が並んでいます。ＦＸに限らず、株や投資信託など多くの出版社が発行していますが、人気がある投資本にはある共通点があります。

それは、「てっとり早く、多額の利益を稼げる」と書いてある本です。「１００万円が3億円になった」「主婦でも株で月々１００万円」「寝てても儲かる」など、過激なタイトルが付けられている書籍が売れる傾向にあります。

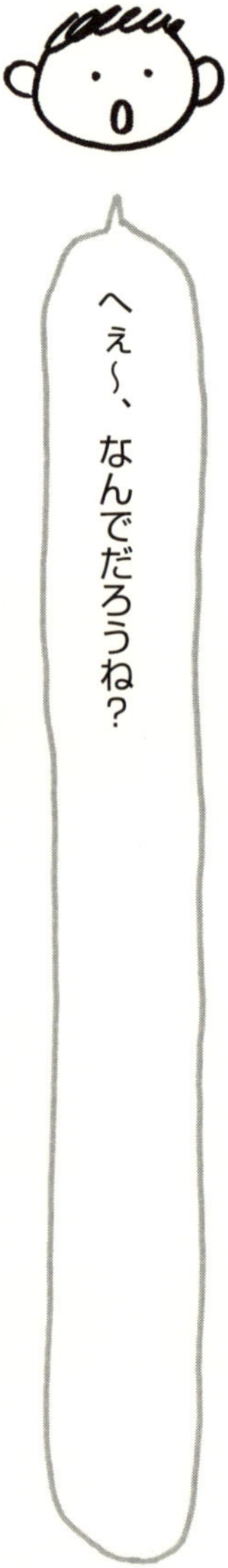

なぜこのようなタイトルの本が売れるのか？　それは、そのタイトルのように楽

して簡単にたくさん儲けたいと考えている人が多いからです。

しかし、その考えは非常に危険です。

投資の世界では、みなさんが日々の仕事をしながら、「片手間」でやろうとしている作業を、本業にしているプロが大勢います。

プロは文字通り24時間取引に携わり、利益を上げることに全精力を注いでいます。

それでもなお、運用成績がマイナスになってしまう人や会社があるんです。そんなプロたちにまじって、片手間で楽に儲けることが可能でしょうか？

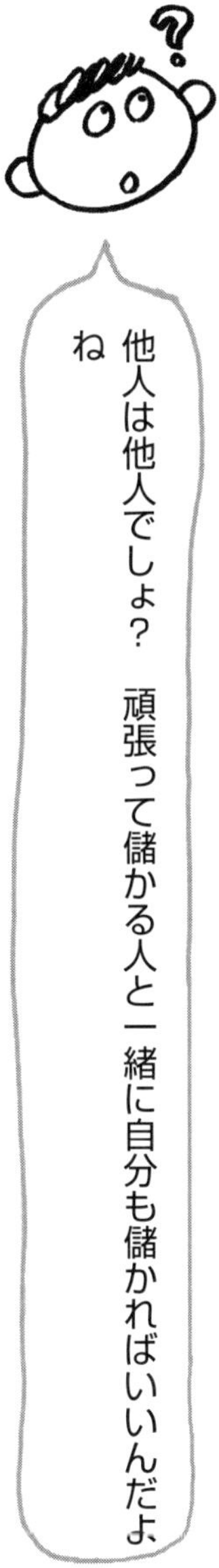
他人は他人でしょ？ 頑張って儲かる人と一緒に自分も儲かればいいんだよね

実はそれが簡単ではないんです。
株やFXなどの金融投資は、儲かる人がいれば、一方で必ず損する人がいるプラスマイナス・ゼロの世界です。これを「ゼロ・サム」といったりしますが、要するに、利益の「奪い合い」なんです。あなたが、取引で1万円儲かったとすると、必ず世界中のどこかに1万円損した人がいます。
これは普段みなさんが仕事をして、利益をあげているのと全然意味合いが違います。みなさんが商品を売って100万円稼いだとしても、必ずしも別の誰かが100万円損するわけではありません。なぜかというと、みなさんが儲けることと、隣の人が儲ける／損することが直接関係ないからです。
しかしFXや株取引の場合は、強い人が利益を取り、弱い人が利益を奪われます。だから初心者が、プロと同じように儲けるのは、非常に難易度が高いのです。

○てっとり早く儲けようとすれば、てっとり早く損をする

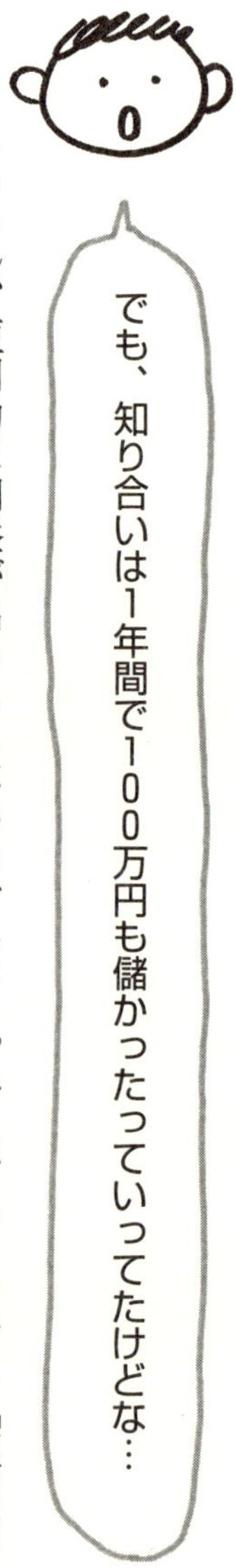
でも、知り合いは1年間で100万円も儲かったっていってたけどな…

もちろん、短期的に利益が出ることはあるでしょう。でも、あくまでも「短期的に」です。リスクとリターンはセットですので、高いリターンを狙えば、高いリスクが付きまといます。1回、2回の取引で、運よく短期的に儲けることもあり得ますが、リスクが高い取引をしていると、大きく損をする可能性も高くなるので、トータルで見て赤字になるケースが十分にあります。

取引の勝率が、「1勝9敗」のプロもいるくらいですから、まだまだ慣れないうちは負けることも常に想定しておくべきです。高いリターンを求めて、てっとり早く儲けようとすれば、逆にてっとり早く損をすることになる、というくらいまで考えていて大げさではないと思います。

○将来の値動きは「予測できない」

今更こんなことをいうと怒られてしまうかもしれませんが、未来の相場は「予測できません」。誰にもわからないのです。だからプロでも損をしてしまう。もちろん、勉強することで、ある程度予測の精度は高められます。でも、完全に予想することは無理なんです。

いろいろな本にチャートを使ったテクニカル分析の手法が書かれています。中には「この指標がこういう数値になったら買い、売り」と半ば断言しているものもあります。

ただ、それは「そういうパターンもある」という意味で、必ずそうなるということではありません。もしこうなったら１００％値が上がる、という指標があったら、全員が「買いたい」と思うはずで、売ってくれる人がいなくなります。そうなると、結果的に取引は成立しません。

相場の分析手法は、何十種類とありますが、逆に考えると、それだけ様々な要素が複雑に絡んで為替レートが決まっているということです。

そういう意味で相場は予測できません。

予測は無理かぁ。じゃあやっぱり諦めて勘で取引するしかないのかなぁ?

いえ、そうではありません。

ここでいいたいのは、「予測は無理だから諦めろ」ということではありません。「簡単に予測できると思ってはいけない」ということです。１００%予測することは無理でも、勉強し、ＦＸに慣れていくことで予測の精度は上がります。当たる確率がどんどん上がってくるのです。

ただ、常に予測が外れることも想定しながら、外れた時の対応策も用意しつつ取引をすることが重要です。

◯初心者は「売り」から入ってはいけない

これは取引に慣れていない初心者の方にご注意いただきたい点です。通常の商売では、まず自分のお金で商品を買って、それを仕入れ値よりも高く売ることで利益が出ます。ＦＸでもそれは同じで、自分が持っている「円」で、外貨を買うところから取引がスタートします。ただし、ＦＸの場合はもう一つ「売り」からスタートすることも可能です。つまり、自分がまだ持っていない外貨を売ることも可能なんです。

「買い」からスタートした時は、外貨を買った後、円安になれば利益が出ました。「売り」からスタートする時はその反対で、円高になれば利益が出ます。円高トレンドの時も利益を出すことが可能なんです。

これはＦＸの魅力の一つとして、紹介されていますが、取引に慣れるまでは手を出さない方が賢明です。というのは、スワップポイントがマイナスになるからです。

前にスワップポイントを説明した際に、「外貨の金利」と「円の金利」の差額を受け取れると説明しましたが、これは買った外貨の金利をもらって、売った円の金利を払うからです。ご存じのとおり、日本では何年も「ゼロ金利」が続いていて、外貨の金利の方が円の金利よりも高い。だから受け取る金利の方が高いんです。

でも「売り」のポジションを持っている時には、この反対で、支払う金利の方が高くなります。日々支払わなければいけないんです。

そして日々のスワップポイント支払いの分だけリスクが高くなる。より取引が難しくなるわけです。だから初心者は「売り」から入ってはいけません。

○まず取引がどうなるか想定をしよう

もう10年も前のことですが、『金持ち父さん、貧乏父さん』（筑摩書房／ロバートキヨサキ・著）を読んだ時に、「投資はプランだ」と書かれているのを見て、よく意味が理解できなかったのを覚えています。

ただ今は明確にこの言葉の意味と重要性がわかります。まさに「投資はプラン」です。

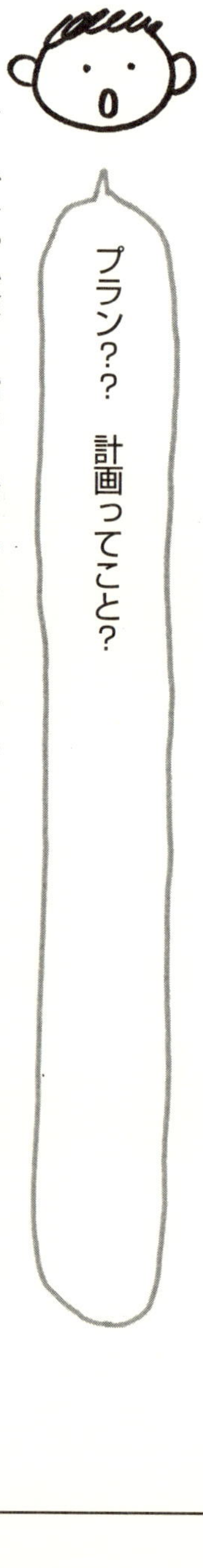

そうです。投資を始める際に、多くの人はプランなしでスタートします。なぜその株を買うのか?、なぜ今ドルを買うのか? と聞かれても、単に「儲かると思う

から」という答えが返ってきます。

その投資でいくら儲かると思っているのか、もしくはいくら儲けたいのか、について考えている人は非常に少ないです。また、いつ、もしくは、いくら儲かったらその投資をやめるのかも決めないまま取引に臨みます。

いくら儲かったら止めるなんて決められないよ。儲かれば儲かるほどいいからね

そう感じるのも自然なことだと思います。でもそれを決めるのは必要なことなんです。

もちろん、相場が勢いよく上がっている最中に売る必要はありません。でも、勢いが止まってきた時には常に売ることを考えていなければなりません。そうしないと、「もう少し待ったらもっと儲かるかもしれない」という欲が出てきて、結果的にベストな売り時を逃してしまいます。

人間は弱い生き物ですので、仮に「自分は感情に負けずベストな価格で売るぞ！」と決めていたとしても、いざその状況になると「もうちょっと持っていたら儲かるかも」という欲が出てきてしまいます。
利益を出すために取引をしているので、これは仕方がないことです。ただ、感情に負けて利益を出せなくなってしまうのは本末転倒なので、「行き当たりばったり」ではなく、あらかじめプランをたて、相場がこうなったらこうする、という想定が必要です。

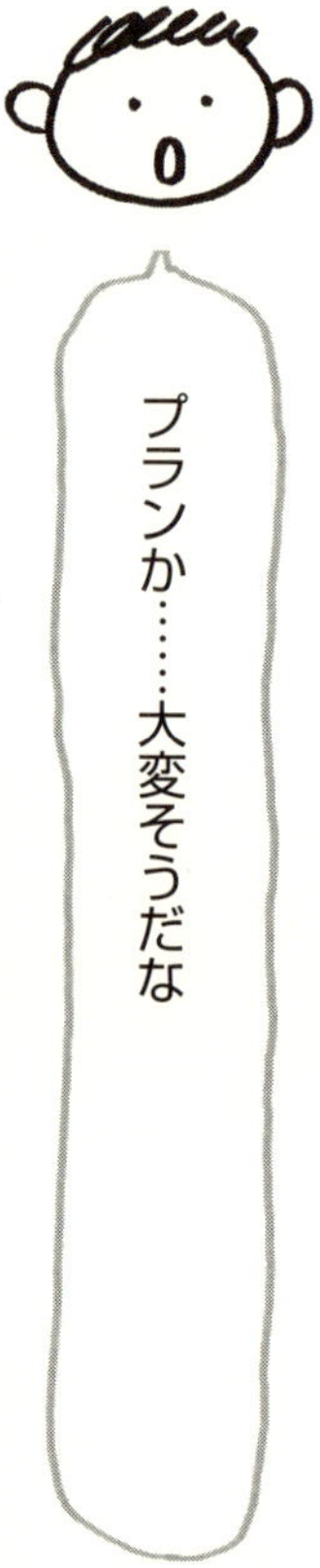

最初はそう感じるかもしれませんが、そんなことはありません。必要なこととしては、自分が持っているお金をいつまでに、いくらにしたいのかを考えておくことです。

とはいえ、無謀なプランを立てても仕方ありません。自分のプランが実現するためには、今日、もしくは今週の取引でどのくらい利益が上がっていなければいけないのか、合わせて考えて、それが現実的かどうかも検討する必要はあります。

例えば、元手の100万円を1年間で200万円にしたいと思っているとしましょう。そうすると、年率100%の利子、平均で月に8万円ちょっと稼がなければいけません。

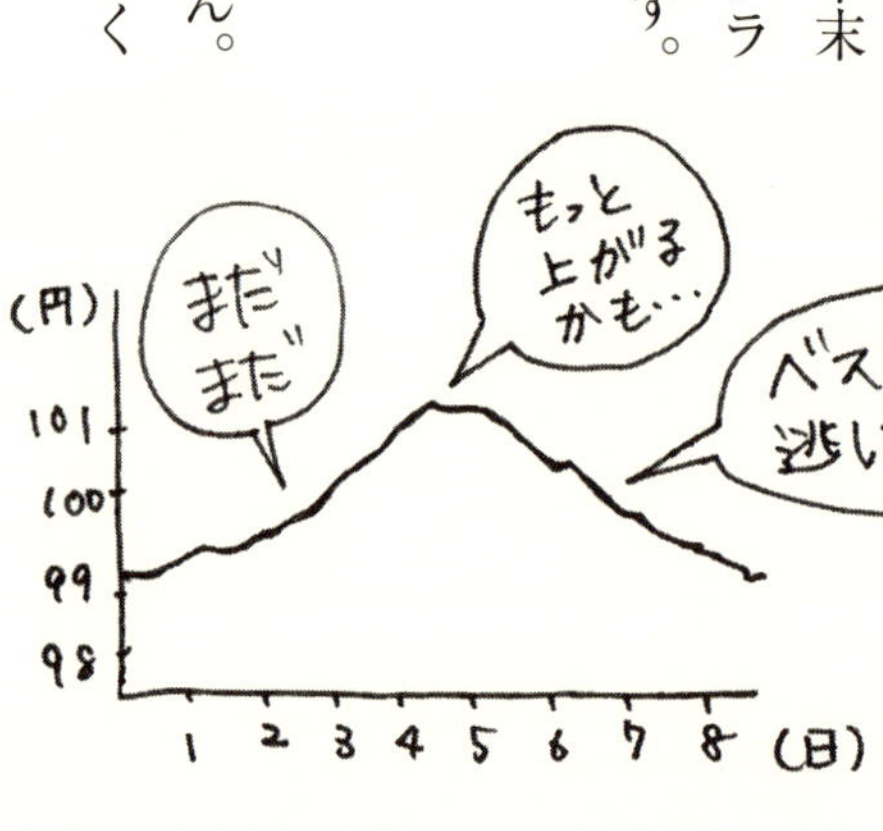

月間8万円利益を出すということは、週に2回売買するとして、1回の取引で確実に2万円儲からなければいけません。もちろん勝率１００%とはいきませんので、もっとハードルは高くなります。

一般的に考えると、年率10%の利益でもかなりの好成績ですので、自分だけは特別と考えずに、現実的なプランを立てましょう。

そして現実的なプランを立てた上で、忠実にそれに従っていくことが重要です。ビジネスで新規事業を始める時、事業計画を書きます。「いつまでにどういうことをやります。最初は損が出ますが、何年後にいくら儲かる予定です。」というようなことを細かく想定し、それを着実に実行していくんです。ＦＸもそれと同じです。投資はいきあたりばったりのギャンブルではなく、お金を稼ぐためのビジネスです。詳細な計画資料を作成する必要はありませんが、それと同じ意識で臨むことが重要です。

おわりに

最後まで読んでいただき、ありがとうございました。

この本を一通り読んでいただきましたら、FXの儲けポイント、損するポイントがおわかりいただけたかと思います。また、どこに注意して取引をすべきか、自分は何を目指しているのか、イメージしてもらえたかと思います。

FXに限らず、このポイントが非常に重要です。長年取引をしている中上級者の方からすれば、「当たり前のこと」ですが、初心者の方は見落としがちなポイントです。「見落としがちな重要ポイント」を身に付ければ、周囲よりも有利な状態で取引ができます。

一方で、最初にご説明した通り、他の類似本に載っているような中上級者向けの細かいテクニックはかなり割愛しています。それらは必要ないということではなく、最初にいっぺんに伝えようとしても、結局頭に入らず意味がないため、省いています。ただ、基礎が身に付いた今であれば、「枝葉」のテクニックや少し難しいテクニカル分析の手法を学ぶのもいいと思います。最初からいきなりテクニカル分析だけをいろいろ詰め込んだ人と、基本ルールがわかってから勉強した人とでは、その後の「身の付き方」が全然違ってきますので、面白いように頭に入ってくるはずです。

本の中でもお伝えしましたが、FXは、てっとり早く儲けようとすれば、てっとり早く損をします。FXは「利益の奪い合い」ですので、「よりよい判断をした人」が、その他の人からお金を奪っていきます。それだけに、しっかりと準備してから取引に臨む必要があります。

この本を読んでくださったみなさんは、FXの基本ルールが身についています。「プロ並み」とまではいかないと思いますが、本を読む前と比べて、明らかに着目するポイントが変わっているはずです。そして、さらに知見を深めるためには何を勉強すればいいか漠然とでもイメージがついているのではないでしょうか？

ここで得た基礎力を活かして、まずは少額から取引を開始してみてください。正直、損が出ることもあります。しかし、FXで利益を上げるためには、実戦で経験を積んでいくのが一番の近道です。みなさんは既に勘で取引をする状態から抜け出していますので、自分の生活に支障をきたさないくらいの額で取引すれば、いい経験が積めるはずです。

それと同時進行で、さらに高度な参考書を読んだり、ネットや新聞で情報を集めて勉強してください。世間の状況は日々変化していますので、ここまで勉強すれば終わりというゴールはありません。FXで利益を上げたいと思えば、最低でも本書の中で解説した重要ポイントは定期的にウォッチしていく必要があります。最初は少し退屈かもしれませんが、ＦＸのポジションを持ちながら為替レートをチェックすれば、自ずと興味がわいてくるはずです。

本書が少しでもみなさんの視野を広げ、経済や金融投資への興味を高められれば幸いに思います。

本書の執筆にあたり、株式会社外為どっとコム様に取引画面などをご提供いただきました。この場を借りて御礼申し上げたいと思います。

２００９年４月吉日
木暮太一

おわりに

A～Z					
Ask	あすく	76			
Bit	びっと	76			
FX	えふえっくす	18			
OCO注文	おーしーおーちゅうもん	199			
あ					
移動平均線	いどうへいきんせん	206			
売値	うりね	75			
売る	うる	126	217		
円高	えんだか	45	56	68	80
円安	えんやす	45	56		
か					
外貨	がいか	22			
外貨預金	がいかよきん	24			
買値	かいね	75			
買う	かう	122	127		
為替	かわせ	43			
為替差益	かわせさえき	36	41		
為替差損	かわせさそん	42			
為替変動	かわせへんどう	28			
為替レート	かわせれーと	44	48	54	
逆指値注文	ぎゃくさしねちゅうもん	133	137		
業者の選び方	ぎょうしゃのえらびかた	104			
金利	きんり	34	37	50	
景気動向	けいきどうこう	49			
口座の開設	こうざのかいせつ	102			

さ					
指値注文	さしねちゅうもん	128			
支持線	しじせん	208			
失敗例	しっぱいれい	170			
シミュレーション	しみゅれーしょん	151			
ストップ注文	すとっぷちゅうもん	135	137		
スプレッド	すぷれっど	75	78	112	
スワップポイント	すわっぷぽいんと	34	37	40	163
た					
チャート	ちゃーと	203	174	192	
抵抗線	ていこうせん	208			
テクニカル分析	てくにかるぶんせき	62	174	192	202
手数料	てすうりょう	71	82	110	176
取引画面	とりひきがめん	120			
取引スタイル	とりひきすたいる	157			
な					
内外金利差	ないがいきんりさ	26			
成行注文	なりゆきちゅうもん	131			
は					
張り付き型	はりつきがた	167			
ファンダメンタル分析	ふぁんだめんたるぶんせき	60			
放置型	ほうちがた	162			
ポジション	ぽじしょん	124			

ま					
マージンコール	まーじんこーる	141	146		
や					
夜だけチェック型	よるだけちぇっくがた	165			
ら					
リスク	りすく	30			
レバレッジ	ればれっじ	88	90	147	187
レバレッジのデメリット	ればれっじのでめりっと	92	95		
ローソク足	ろーそくあし	204			
ロスカット	ろすかっと	143	146	186	

■著者略歴
木暮太一（こぐれ　たいち）
1977年生まれ。千葉県船橋市出身。慶應義塾大学を卒業後、富士フイルム株式会社、株式会社サイバーエージェントを経て、大手出版社に勤務。大学の講義姿勢に疑問を持ち、在学中に『気軽にはじめる経済学シリーズ』(マクロ経済学、ミクロ経済学、マルクス経済学)を自主制作し、大学生協や書店で累計5万部を販売。学問の世界からではなく、時間に追われるビジネスマンの視点から、読んですぐに理解できる本当にわかりやすい参考書の執筆に注力している。
主な著書『落ちこぼれでもわかるマクロ経済学の本』、『落ちこぼれでもわかるミクロ経済学の本』（マトマ商事）『今までで一番やさしい経済の教科書』（ダイヤモンド社）
mail：koguretaichi@gmail.com

ご意見をお聞かせください

ご愛読いただきありがとうございました。本書の読後感想・御意見等を愛読者カードにてお寄せください。また、読んでみたいテーマがございましたら積極的にお知らせください。今後の出版に反映させていただきます。

☎ (03) 5395-7651
FAX (03) 5395-7654
mail:asukaweb@asuka-g.co.jp

はじめてのFX1年生《ねんせい》 儲《もう》かる仕組《しく》み 損《そん》する理由《りゆう》がわかる本《ほん》

2009年5月20日　初版発行
2009年6月11日　第8刷発行

著者　木《こ》暮《ぐれ》太《た》一《いち》
発行者　石野栄一

〒112-0005　東京都文京区水道2-11-5
電話(03)5395-7650（代表）
(03)5395-7654（FAX）
振替00150-6-183481
http://www.asuka-g.co.jp

明日香出版社

■スタッフ■編集　早川朋子／藤田知子／小野田幸子／金本智恵／末吉喜美／久松圭祐
営業　小林勝／浜田充弘／渡辺久夫／奥本達哉／平戸基之／野口優／横尾一樹／後藤和歌子
大阪支店　梅崎潤　M部　古川創一　経営企画室　落合絵美　経理　藤本さやか

印刷　美研プリンティング株式会社
製本　根本製本株式会社
ISBN978-4-7569-1295-4　C2033

編集担当　末吉　喜美

外貨で月20万円稼ぎ続けている　私の連勝法

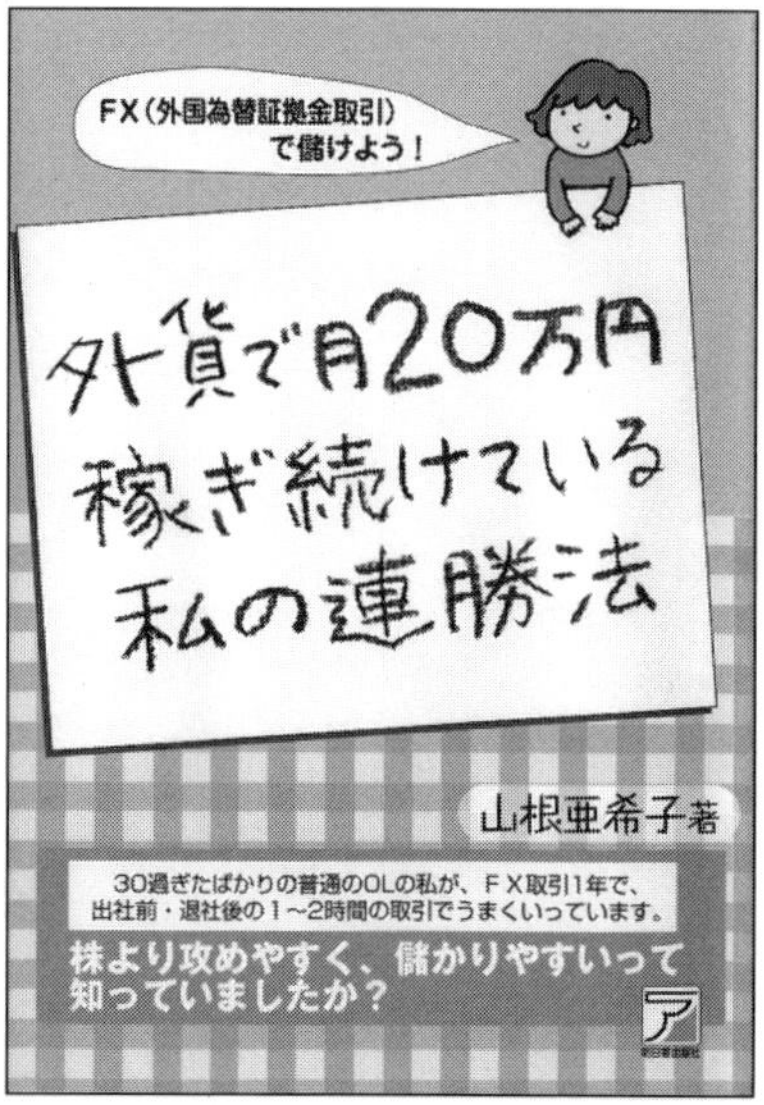

山根　亜希子／定価1470円

ISBN4-7569-0897-7
05年05月発行

FX（外国為替証拠金取引）って、儲けやすいことを知っていますか？
本書では、1・比較的リスクの低い外貨預金や外貨MMFの代替として使う方法、2・為替差益で大きなリターンを狙っていく方法の2つをわかりやすく説明します。

改訂版　生まれてはじめての「ニコニコ」外貨投資<FX>

山根　亜希子／定価1470円

ISBN4-7569-1046-7
05年10月発行

好評の『生まれてはじめての「ニコニコ」外貨投資＜ＦＸ＞』の改訂新版です。著者がＦＸを始めてから、実際に経験した困ったことや失敗したことなども、実例をあげて書いています。本当の初心者が感じる素朴な疑問に、体験に基づき答える本です。

はじめてのＦＸ売買100問100答

山根　亜希子／定価1575円

ISBN978-4-7569-1144-5
07年12月発行

「外貨で月20万円儲ける私の方法」の著者が、ＦＸ（外国為替証拠金取引）をこれから始めたい人からなかなか儲けられない人までに、基本から儲け方まで、必要な知識をすべてやさしくお教えします。
初心者必読のＦＸの教科書！

テクニカル分析＆キャリートレードで儲けるFX

山根　亜希子/田尻　竜也
定価1680円

ISBN4-7569-1027-0
06年11月発行

通貨には、かならず上がる通貨と下がる通貨が存在します。さまざまな通貨ペアを組み合わせ、うまく利用すればリスクヘッジすることができます。キャリートレードと、テクニカル分析を組み合わせて、儲ける方法を教えます。

時代即応版　為替が動くとどうなるか

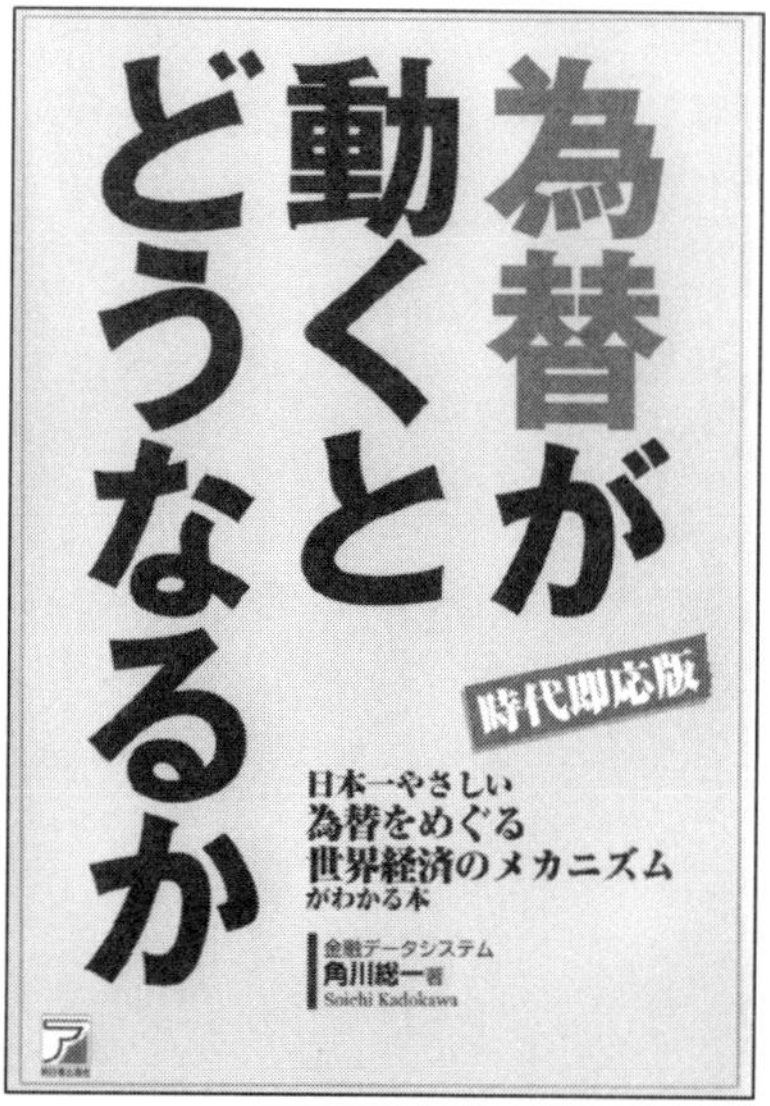

角川　総一／定価1575円

ISBN978-4-7569-1129-2
07年11月発行

一般ビジネスマン＋一般投資家向けで「為替のことと世の中の動きが連動してわかれば、あなたの本業ビジネスや利殖にこんなにプラスになる！」　というコンパクトな本。

時代即応版　株価が動くとどうなるか

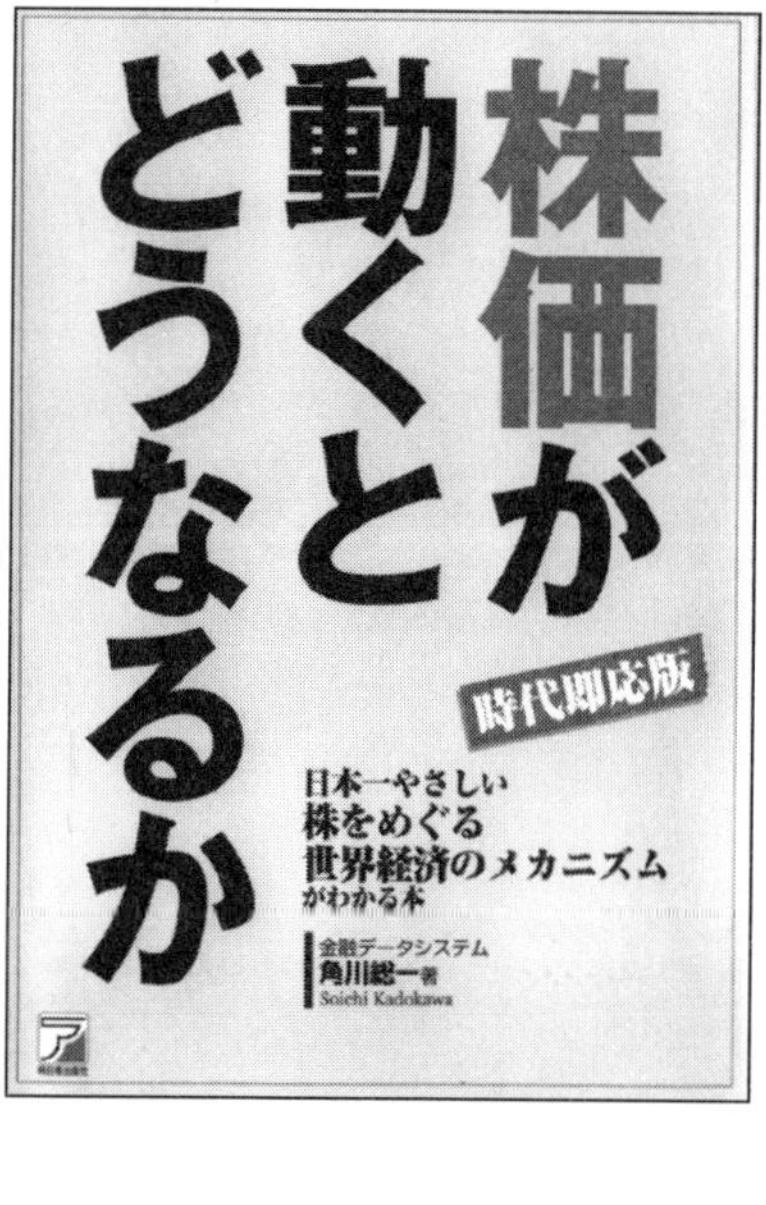

角川　総一／定価1575円

ISBN978-4-7569-1191-9
08年06月発行

世界経済のメカニズムが変化してきている。サブプライム問題以前の株の教科書は、もはや現在の状況に対応できていない。新しい時代の世界経済のメカニズムを株を通して解説する。